NR. 41

ALTDEUTSCHE TEXTBIBLIOTHEK

BEGRÜNDET VON H. PAUL † / HERAUSGEGEBEN VON G. BAESECKE

DAS BENEDIKTBEURER PASSIONSSPIEL

DAS ST. GALLER PASSIONSSPIEL

NACH DEN HANDSCHRIFTEN HERAUSGEGEBEN

VON

EDUARD HARTL

I0643536

MAX NIEMEYER VERLAG · HALLE / SAALE

1952

Altdeutsche Textbibliothek, begründet von H. Paul †,
herausgegeben von G. Baesecke
Nr. 41

Lizenz-Nr. 259 - 470/6/51
Herstellung: IV/2/14 - VEB Werkdruck Gräfenhainichen - 257

Sancta maria ... assit nostro principio. Amen

Primus ponucat pilat' z uxor sua cu militib' lociu suum.
Dein herodes cu militib' suis. Dein pontifices cue
ocator z uxor sua. Dein oo ooata. Ingressus pilanse. Postea
uadat dnica psona sola ad litus maris. vocare petrum
z andream. z inueniat eos piscantes z dns dic adeet
Venite post me faciam vos piscatores hominum. Illi dicunt Domine quid nis
hec faciemus. co ad tuam voluntatem puius ad implemus. postea
uadat dnica p ad zacheum z obuier ei cec' Domine iesu fili
dauid miserere mei. Jesus ry l uto uis ur faciam tibi. Cecus Domi
ne uauum ur uideam. Jesus d Respice fides enim tua saluum te fecit
huic fac iesus peeat ad zachei z uocet illum de arbore
Zachee festinans descende quia hodie in domo tua oporter me manere
Zache d Domine siquid aliquem defraudaui vello quadruplum. Je
sus ry la hodie huic domui salus facta est. eo qd et tu sis filius. Unde
Jesus venit filium appinquaret domui. Et cum audisset. Et
pueri prosternetes flores z uestes puer hebreis - Jt pui. Jtc
Gloria laus. Tuc ueniat phariseus z uocet iesum ad cena
Rabi quod interpretatur magister. pero ut mecum hodie velis manducare.
Jesus ry har ut pensi. phariseus dicat ad finustre ciaus ris
purate fedita. co mense omnia ut sint placeus. Maria magdalena cantet.
Mundi delectatio. dulcis est et grata eius suauitas eo coniata. Unde
tir reliae quibus echiare volo. nec salutem eius reuinire. Promutamo
gaudia uiam terminabo. bonis temporalibus ego militibus. Al euuns
reuerens corpus pienillabo. unis coloribus illud per conuos. Modo
uadat maria cu puellis ad meatore ea tando illa ema
uendeos species emendas. pro multa peeunia ubi uni ...eris. Siquid
hales insuper obeamentos. nam vel porungere corpus ...

St. Galler Passionsspiel (Stiftsbibliothek St. Gallen, Hs. Nr. 919, S. 199)

DAS BENEDIKTBEURER PASSIONSSPIEL

Der älteste Zeuge einer ausgeprägten lateinisch-deutschen Passion ist das Benediktbeurer[1]) Passionsspiel, das im Clm. 4660, der einzig dastehenden Sammelhandschrift der *Carmina Burana*, enthalten ist. Dieses Spiel füllt fast die ganze letzte Lage der Hs. aus (Bl. 107ʳ—112ᵛ), doch ist es, obwohl sich der Text inhaltlich gut in seine Umgebung einfügt, kaum zu beweisen, daß er für diese Sammlung von Dichtungen vorgesehen war: die Blätter, auf denen das Spiel überliefert ist, enthalten je 27 Zeilen, während die übrigen Blätter 22 (23) Zeilen aufweisen; mit Ausnahme der Schlußverse 477—492 ist der Text des Schauspiels von einer Hand geschrieben, die sich in den übrigen Stücken nicht findet. Die Verteilung des Spieltextes ist merkwürdig: der Schreiber hat zunächst Bl. 107ʳ —110ʳ mit den Versen 1—416 beschrieben, bricht aber im V. 416 mitten in dem Wort *cernu[um]* ab, läßt die Rückseite des Blattes (110ᵛ) frei, setzt dann auf Bl. 111ʳ mit den (anders als in der vorliegenden Ausgabe geordneten) Versen 426 bis 476 fort, läßt aber das letzte Drittel dieses Blattes leer, ebenso Bl. 111ᵛ und 112ʳ, und erst auf Bl. 112ᵛ findet sich, allerdings von anderer Hand geschrieben, der Schlußauftritt zwischen Pilatus und Joseph von Arimathia (477—492). Der leere Raum wurde von späteren Händen vollgeschrieben: Bl. 110ᵛ enthält Sprüche aus Freidank[2]), Bl. 111ʳ unten überliefert

---

[1]) Die Benediktinerabtei Benediktbeuren wurde 733 gegründet.

[2]) Abdruck: J. A. Schmeller, Carmina Burana. Lateinische und deutsche Lieder und Gedichte einer Handschrift des XIII. Jahrhunderts aus Benediktbeuren. Stuttgart 1874 (Bibl. d. Lit. Ver., Bd. 16), S. 107—109 (Nr. CCIV).

lateinische Mariengebete, wieder eine andere Hand
erscheint auf Bl. 111ᵛ und in den ersten 6 Zeilen
des Bl. 112ʳ (Inhalt: drei Katharinenhymnen: *Kate-
rine collaudemus, Pange lingua gloriose, Presens dies
expendetur*[1]); auf demselben Blatt folgt in einer
zierlichen Schrift der Katharinenhymnus *Hac in die
laudes pie*[2]), und auf Bl. 112ᵛ schließlich erscheinen
nach dem Auftritt zwischen Pilatus und Joseph von
Arimathia 11 in größerer und breiterer Schrift ge-
haltene Zeilen mit Lobpreisungen Marias, darunter
8 Zeilen des letzten Schreibers, die auf Christi Leiden
Bezug haben[3]). Diese verschiedenen Schriften sind
zeitlich nicht allzu weit voneinander entfernt und
sind an das Ende des 13. oder an den Anfang des
14. Jahrhunderts zu setzen. Näher beschrieben ist
die Hs. bei Schmeller[4]), ferner bei W. Meyer[5]), der
auch auf die Blätter des Benediktbeurer Spiels im
besonderen eingeht[6]).

Der Text des Passionsspiels ist mit zierlicher, leicht
lesbarer Schrift geschrieben und wirkt dadurch be-
sonders übersichtlich, daß (wie so häufig in Dramen-
handschriften) die Bühnenanweisungen in größerer
und weiterer Schrift und mit roter Tinte geschrieben
sind; nur auf Bl. 112ᵛ sind die zwei Spielangaben so
wie der Text schwarz gehalten. Selten unterläuft dem
Schreiber in der Scheidung zwischen Text und Bühnen-
anweisungen ein Versehen: V. 254 ist mit roter
Tinte geschrieben, daher fehlen auch die Noten über
beiden Wörtern; wenn aber die Wörter der Spiel-
angabe 369a *Iesus Nazarenus, Rex Iudæorum* mit
Noten versehen sind, so könnte das vielleicht darauf

---

[1]) Abdruck: ebda., S. 109—111 (Nr. CCV und CCVI).

[2]) Abdruck: ebda., S. 111f. (Nr. CCVII).

[3]) W. Meyer, *Fragmenta Burana.* Berlin 1901, S. 14f.

[4]) S. IX—XIV.

[5]) S. 4—13.

[6]) S. 13—15.

deuten, daß diese Stelle tatsächlich vom Chor ge-
sungen wurde, der hier überhaupt eine wichtige
Rolle spielt.

Dieses Schauspiel ist bis jetzt schon sechsmal,
aber noch immer nicht in zufriedenstellender Form
herausgegeben worden:

D: B. J. Docen, Das Leiden Christi. Ein Mystère
aus dem dreyzehnten Jahrhundert, mit unter-
mischten teutschen Versen (Beyträge zur Geschichte
und Literatur, hrsg. v. J. Chr. v. Aretin, Bd. 7),
München 1806, S. 497—508. Docen, dem das Ver-
dienst gebührt, als Erster nachdrücklich auf die
damals noch ungehobenen Schätze der *Carmina
Burana* hingewiesen zu haben, hat sich bei diesem
ersten Abdruck teils buchstabengetreu an die Hs.
gehalten, teils hat er die Schreibung vereinfacht. Da
er aber nur die allernotwendigsten Satzzeichen,
Beistriche jedoch ganz selten setzt, ist sein Text
außerordentlich schwer verständlich, und oft kann
man sich über den Sinn eines längeren Satzes nach
seiner Textgebung kaum klarwerden.

H: H. Hoffmann v. Fallersleben, Christi Leiden
(Fundgruben für Geschichte deutscher Sprache und
Litteratur, II. Theil). Breslau 1837, S. 239—258.
Diese Ausgabe ist besser als der gleichfalls von ihm
besorgte Abdruck des Wiener Osterspiels[1]) (ebda.,
S. 297—336), da ihm neben der Hs. auch Docens
Abdruck zur Verfügung stand, an den er sich sehr
eng (sogar in dessen Lesefehlern) anschließt. Wie
beim Wiener Osp. hat er auch hier die Schreibung
(wenn auch nicht immer folgerichtig) zu verein-
fachen gesucht, so daß die Eigenart des Denkmals
ziemlich verwischt ist.

---

[1]) Neu herausgegeben von Eduard Hartl, Das Drama
des Mittelalters. Bd. 2. Leipzig 1937, S. 59—119 (Deutsche
Literatur, Reihe: Drama des Mittelalters).

S: J. A. Schmeller, *Ludus paschalis sive de passione Domini* (a. a. O., S. 95—107, Nr. CCIII). Schmeller hat die ganze Hs. durch seinen (wenn auch recht mangelhaften und eigenwilligen) Abdruck zum ersten. mal der Forschung zugänglich gemacht, aber er gibt den Text ziemlich ungenau wieder und versucht nicht, größere Verderbnisse richtigzustellen. Eng an ihn schließt sich an

d: *Edélstand M. Du Méril, Mystère de la Passion* (*Les Origines latines du théâtre moderne*), 2. Aufl. Paris 1896, wie er selbst bekennt[1]): so läßt er mit Schmeller ohne ersichtlichen Grund die Verse 107a bis 120 weg, und auch sonst behandelt er den Text sehr frei, zumal in den Bühnenanweisungen, die er sehr oft willkürlich ändert. Ganz schlecht ist sein Abdruck und seine Erklärung der mhd. Stellen, bei denen er eine peinliche Unkenntnis der Sprache verrät. Jedoch hat er in den Anmerkungen manches Fördernde zum Verständnis des lateinischen Textes beigetragen. Unselbständig ist auch die Ausgabe von

W: Ph. Wackernagel, Passionsspiel (Das deutsche Kirchenlied von der ältesten Zeit bis zu Anfang des 17. Jahrhunderts. Bd. II), Leipzig 1865, S. 341—346, Nr. 508; Wackernagel lehnt sich gleichfalls an Schmeller an, mit dem er auch die Auslassung der Verse 107a—120 teilt; sein Abdruck ist auch sonst unvollständig: V. 217a—369 fehlen bei ihm. — Docen, Hoffmann und Schmeller haben öfter die nur mit den Anfangsworten angeführten lateinischen Gesänge ganz weggelassen, während Du Méril gelegentlich diese Stellen in vollständiger Gestalt bringt.

F: R. Froning, *Sancta Maria assit nostro principio. amen* (Das Drama des Mittelalters, Bd. 1), Stuttgart o. J. (Deutsche Nat.-Lit. 14, 1), S. 278—301: Froning geht wieder auf die Hs. selbst zurück, die er vielfach genauer gelesen hat als seine Vorgänger. Im Gegen-

---

[1]) S. 126 Anm. 10.

satz zu seinen im gleichen Band untergebrachten Abdrucken der Osterspiele, denen er augenscheinlich nicht die jeweiligen Hss., sondern nur frühere Textausgaben zugrunde gelegt hat, ist seine Textgestaltung des vorliegenden Spiels eine anerkennenswerte Leistung; im textkritischen Anhang (S. 300f.) setzt er sich auch mit seinen Vorgängern, besonders mit Schmeller, auseinander, dessen Ausgabe er mit Recht gering wertet.

Teile aus dem Weltleben und der Bekehrung der Maria Magdalena und aus der Kreuzigungsszene (89a—107. 120a—136a. 175a—187. 206a—217. 377a—395. 463a—466a. 472a—492) druckt in durchaus unkritischer Weise F. Lüers ab: Die deutschen Lieder der *Carmina Burana*. Bonn 1922 (Kl. Texte f. Vorles. u. Übungen, H. 148, S. 27—30). — Drei Strophen aus dem Weltleben der Magdalena (V. 90 bis 107) sind in dem von H. Naumann und G. Weydt (nicht immer zuverlässig) herausgegebenen „Herbst des Minnesangs", Berlin 1936, S. 34, Nr. 24 (Literarhist. Bibl., Bd. 17) enthalten: der Textabdruck schließt sich an Froning und auch an Wackernagel an. — Faksimilia finden sich bei Vogt-Koch I 92f., bei Petzet-Glauning II, Taf. 25.

Die einzelnen Ausgaben weichen in der Art der Verszählung stark voneinander ab: Docen gibt den Text fortlaufend und setzt nur die deutschen Verse (und einmal auch eine lateinische Stelle, V. 396—416) ab, aber ohne Zeilen oder Verse zu beziffern; Hoffmann setzt zwar die Verse ab, aber er zählt sie nicht (so daß man seinen Text nur nach Seiten anführen kann); auch Schmeller und Du Méril verzichten auf eine Zählung, während Wackernagel nur die (lateinischen und deutschen) Gesangsstrophen zählt, aber alles andere unbezeichnet läßt; Froning ist wenigstens etwas folgerichtiger, indem er alle Verse absetzt und sie durchzählt, jedoch rechnet er jede kürzere oder längere lateinische Prosastelle als

je nur einen Vers. Man müßte sich endlich auf eine
einheitliche Zählung der Dramenverse einigen: dazu
gehört, daß Prosastellen in Sprechzeilen gegliedert
und wie Verse gezählt werden, so daß man (zumal bei
einer längeren Stelle) einen bestimmten Satz durch
eine bestimmte Verszahl leicht bezeichnen kann, und
daß die Druckzeilen der mitunter ziemlich langen
Bühnenanweisungen mit der Zahl des unmittelbar
vorhergehenden Verses, zu dem die nähere Angabe
a, *b*, *c* usw. tritt, angeführt werden. In diesem Sinne
habe ich (nach dem Vorgang anderer) in meinem
,,Drama des Mittelalters" die Zählung einheitlich
gestaltet, und so soll auch von nun an gezählt werden.
Um aber das Auffinden eines Verses in älteren Aus-
gaben zu erleichtern, habe ich meiner Zählung, die
am linken Rand steht, rechts die der jeweils besten
der anderen Ausgaben hinzugefügt: in diesem Text
ist rechts Fronings Zählung berücksichtigt.

Es mag vielleicht als wenig folgerichtig erscheinen,
wenn ich die lateinischen Langzeilen immer als je
eine Zeile gerechnet, jedoch die deutschen Langzeilen
in je zwei Verse zerlegt und auch dementsprechend
gezählt habe: jedoch hätte der größere Umfang der
deutschen Langzeilen das Druckbild sehr unüber-
sichtlich gemacht, aber wichtiger ist, daß die latei-
nische Langzeile auf Grund ihrer bestimmten Silben-
zahl eine innere Einheit darstellt, während den
deutschen Langversen, die weder die gleiche Zahl der
Silben noch der Hebungen aufweisen, diese Ge-
schlossenheit fehlt.

Eine andere Schwierigkeit bieten die lateinischen
(mitunter auch die deutschen) Gesangsteile, die,
weil allgemein bekannt, in den Hss. oft nur mit ihren
Eingangsworten angeführt werden: da uns diese
Texte nicht mehr so vertraut sind, und daher bei
bloßer Anführung des Eingangs dem Leser von heute
das Stimmungsbild verwischt wird, ist es Pflicht
eines Herausgebers, sie vollständig abzudrucken;

aber eben durch diese Ergänzung der nur angedeuteten Gesangstexte verschiebt sich bei einer Ausgabe, die gesteigerten Ansprüchen gerecht werden will, die Verszahl ganz bedeutend. Da aber so viele Ausgaben mittelalterlicher Schauspiele nunmehr völlig veraltet sind, wird sich hoffentlich der neu gestaltete Text mit der neuen Zählung durchsetzen.

Obwohl ich nachdrücklicher als die früheren Herausgeber, nachdrücklicher auch als Froning, auf die Handschrift zurückgegangen bin, habe ich natürlich dort, wo sie Verderbtes bot, im Sinn des Ursprünglichen gebessert. Den lateinischen Text habe ich auf die übliche Schreibung gebracht, um ihn leichter lesbar zu gestalten: denn eine buchstabengetreue Wiedergabe hätte doch in vielen Fällen nur verwirrend gewirkt; jedoch in den Lesarten habe ich, wenn es notwendig war, das handschriftliche Bild belassen. Verlockend wäre es gewesen, die deutschen Verse in der Schreibung einheitlich zu gestalten: aber abgesehen davon, daß zwei Schreiber mit etwas voneinander abweichenden Schreibgewohnheiten am Werk sind, macht die Hs. im ganzen einen zwiespältigen Eindruck: an der einen Stelle stehen die alten langen Selbstlaute neben den neuen Zwielauten (oft sogar in einem Reimpaar), an einer anderen Stelle wiederum werden nur die alten Formen verwendet, so daß aus diesem Grund wie auch aus anderen Erwägungen verschiedene Herkunft für die einzelnen deutschen Strophen anzunehmen ist.

Eine Abweichung, die ich mit Froning gegenüber den anderen Herausgebern teile, besteht darin, daß ich in den Bühnenanweisungen die lateinischen Tätigkeitswörter, die in der Hs. (wie auch sonst oft in anderen Dramentexten) in buntem Wechsel bald in der Wirklichkeitsform, bald in der Möglichkeitsform erscheinen, in ihrer ursprünglichen Gestalt belassen habe, während Schmeller (und mit ihm Du Méril) sowie Wackernagel gegen die Hs. durchwegs die

Möglichkeitsform eingesetzt haben. Zu dieser Änderung mag Schmeller (und seine Nachfolger) außer durch das Streben nach Einheitlichkeit auch dadurch veranlaßt worden sein, daß die Hs. die Angaben *dicit, cantat* und *respondet* meist in abgekürzter Form (*dic* oder *d* mit hochgestelltem *t, cant* mit einem Strich über *nt* bzw. *R*, dessen rechter unterer Schaft durchstrichen ist) gibt: daher sind auch Docen und Hoffmann mitunter wegen der Auflösung solcher Abkürzungen unsicher, und sie behelfen sich gleichfalls mit *cant.* oder *resp.* In dieser Ausgabe sind die Lesarten zeitlich geordnet und sämtliche Abweichungen von der Hs. und von den früheren Ausgaben angeführt.

Die Gesangsverse habe ich im Gegensatz zu der allgemeinen Übung hier nicht ausdrücklich durch ein dem betreffenden Vers vorgesetztes Sternchen bezeichnet, da fast der ganze Dramentext gesungen wird; dort wo in der Hs. ein Vers ohne Noten erscheint, ist wenigstens wie in V. 34a das erste Wort des bekannten Gesanges mit Noten versehen, ebenso in V. 237, in dem außer *sustinete* das Folgende und der ganze nächste Vers notenlos sind; bei V. 46—54, die unstreitig gesungen wurden, hat der Schreiber wohl die Noten vergessen, desgleichen bei V. 27—34 (wo *cantent* in V. 26a und *cantet* in V. 28a Gesangsvortrag verlangen), ferner vergessen in V. 416, der letzten Zeile des Bl. 110ʳ. Gesprochen werden nur folgende Verse: 180—187 (Bitte der reumütigen Magdalena), 254 (das kurze *Manete hic*, vor dem ausdrücklich *dicat* steht), 300—307 (das Wortgeplänkel zwischen Petrus und der *ancilla*, dessen einzelne Reden durch *dicit*, 291a, 300a, *Item* 301a, *Petrus* 305a eingeleitet werden), 464—466 (die letzten drei Sätze, die Jesus *clamando* sprechen soll. An sonstigen notenlosen Stellen bleiben noch V. 279—283 (der Vorwurf Christi gegen den Verräter Judas, durch *respondet* eingeleitet: hier kann man allerdings im

Zweifel sein, ob *respondet* nicht *cantat* bedeuten soll), ferner V. 366—369 (die Worte, die Christus an die Töchter Jerusalems richtet: wenn auch vor dieser Stelle ausdrücklich *dicat* steht, so darf man doch wohl annehmen, daß sie gesungen wurde; diese Auffassung erhält eine gewisse Stütze dadurch, daß öfter *dicere*, *respondere* vor Versen steht, denen Noten überschrieben sind, z. B. 7f., 9f., 471f.; diese Verwendung von *dicere, respondere* für *cantare* erklärt sich ohne weiteres aus der bibelepischen Überlieferung).

Aus zwingenden Gründen habe ich manche Auftritte anders einfügen müssen, als die Hs. sie ordnet, deren Szenenfolge schon von Froning als denkwidrig empfunden wurde. Über die Notwendigkeit der von mir vorgenommenen Umstellungen werde ich demnächst in einer germanistischen Zeitschrift ausführlich Rechenschaft ablegen.

Es ist mir eine angenehme Pflicht, der Münchner Staatsbibliothek meinen verbindlichsten Dank auszusprechen für die gern gegebene Erlaubnis zur Benutzung der wertvollen Handschrift. Ganz besonders gebührt mein Dank meiner getreuen Helferin, Fräulein Dr. Friederike Weber, die mich bei den Korrekturen der beiden Dramen unterstützt hat.

München, 6. März 1951

Eduard Hartl

DAS BENEDIKTBEURER PASSIONSSPIEL.

Primitus producatur Pilatus et uxor sua cum militi-
bus in locum suum, deinde Herodes cum militibus suis,
deinde Pontifices, tunc Mercator et uxor sua, deinde
Maria Magdalena.

> [CLERUS *cantet:*]

Ingressus Pilatus
[templum Iudæorum
congregavit omnes principes sacerdotum
et grammaticos et scribas et legis doctores,
5   et ingressus est cum eis
in sacrarium templi.]

Postea vadat Dominica Persona sola ad litus maris
vocare Petrum et Andream, et inveniat eos piscantes, et
DOMINUS *dicit ad eos:*

Venite post me:
faciam vos piscatores hominum!

> ILLI *dicunt:*

Domine, quid vis, hæc faciemus,
10   et ad tuam voluntatem protinus adimplemus.

Am obern Rand des Bl. 107ʳ Sancta maria virgo assit
nostro principio. Amen. *Hs, dieses als Überschrift F,* Das
Leiden Christi *D,* Christi Leiden *H,* Ludus paschalis sive de
passione Domini *S,* Mystère de la Passion *d,* Passionsspiel *W*
e (Chorus cantet:) *d, fehlt HsDHSWF*   1—6 Ingressus
Pilatus [cum Ihesu in pretorium . . .] *F,* Ingressus Pilatus
HsDHSdW   6a litus *HsDHSWF,* li(t)tus *d*   6c dict
(t *hochgestellt) Hs,* dicit *DHF,* dicat *SdW*   8a Illi dicunt
(dicant *SW) HsDHSWF,* Petrus et Andreas dicant *d*
10 ad implemus *Hs,* adimplemus *DHSWF,* adimple(bi)-
mus *d*

Postea vadat Dominica Persona ad Zachæum, et obviet ei Cæcus:

Domine Iesu, fili David,
miserere mei!

Iesus respondet:

Quid vis, ut faciam tibi?   5

Cæcus:

Domine, tantum ut videam!

Iesus dicit:

15   Respice, fides enim tua
salvum te fecit!

His factis Iesus procedat ad Zachæum et vocet illum de arbore:

Zachæe, festinans descende,
quia hodie in domo tua
oportet me manere!

Zachæus dicit:

20   Domine, si quid aliquem defraudavi,
reddo quadruplum!

Iesus respondet:

Quia hodie huic domui   10

10a uadat *HsSdWF*, vadit *DH*   10b cecus *HsDHSWF*,
coecus (dicens) *d*   12a Jesus R *Hs*, Iesus resp. *DHS*,
Jesus respondet *F*, Jesus respondeat *W*, Jesus *d*   14a dt
(*mit hochgestelltem* t) *Hs*, dicit *DHF*, dicat *SW*, *fehlt d*
16a His *DHSdW*, hiis *HsF*   19a dt *Hs*, dicit *DHF*,
dicat *SW*, *fehlt d*   21a R *Hs*, resp. *DHS*, respondet
F, respondeat *W*, *fehlt d*

salus facta est,
eo quod et tu sis filius Abrahæ.

Tunc vadat Iesus ad resuscitandum   Bl. 108ᵛ 125b
Lazarum, et ibi occurrant Maria Magdalena et Martha
plorantes pro Lazaro, et IESUS *cantet:*

25   Lazarus, amicus noster, dormit:
    eamus et a somno resuscitemus eum!

Tunc MARIA MAGDALENA *et* MARTHA *flendo cantent:*

Domine, si fuisses hic,
frater noster non fuisset mortuus!

Et eo tacendo CLERUS *cantet:*

Videns dominus flentes
30   sorores Lazari ad monumentum,
    lacrimatus est coram Iudæis et clamabat.

Et IESUS *cantet:*

Lazare, veni foras!

Et CLERUS *cantet:*

Et prodiit ligatis manibus   130
et pedibus, qui fuerat quidem mortuus.

24c ca *Hs*, cant. *DHS*, cantet *dF*   25—34 *nach*
219 *HsDHSd*   26 somno *DHSd*, sompno *HsF*   28a
eo] sic *HsDHSdF*   cãtet (*mit Abkürzung für* et) *Hs*,
cantet *dF*, cant. *DHS*   29—31 *nur über der ersten*
Silbe Vi *ein Notenzeichen Hs*   31a Et iesus cantet
HsDHSF, Jesus *d*   32a Et clerus cantet (cant, *Strich*
über nt *Hs*) *HsDHSF*, Clerus *d*   33. 34 Et prodiit
ligatis m[anibus] et p[edibus] qui f[uerat] m[ortuus] *F*, Et
prodiit ligatis m. et p. qui f. q. m. *HsDHSd*

Iesus venit. [C<small>LERUS</small> cantet:] 'Cum Bl. 107 ͬ 10 b
appropinquaret dominus':

35 [Cum appropinquaret dominus Ierosolymis,
et venisset Bethphage ad montem Oliveti,
tunc Iesus misit duos discipulos,
dicens eis: ite in castellum,
quod contra vos est,
40 et statim invenietis asinam alligatam,
et pullum cum ea:
solvite et adducite mihi:
et si quis vobis aliquid dixerit,
dicite, quia dominus his opus habet,
45 et confestim dimittet eos.]

Et 'cum audisset':

[Cum audisset populus,
quia Iesus venit Ierosolymam,
acceperunt ramos palmarum
et exierunt ei obviam,
50 et clamabant pueri dicentes:
hic est, qui venturus est
in salutem populi.
hic est salus nostra
et redemptor Israel!]

34a venit *HsDHSF*, veni(a)t *d*, veniat *W*   (et chorus
cantet:) *d, fehlt HsDHSWF*   35—60 Cum (Quum
HSW) appropinquaret dominus (dominus *fehlt SW*) Et cum
(quum *H*) audisset Et pueri prosternentes frondes et vestes
Pueri hebreorum *Hs (das erste* Cum *und die zwei letzten
Wörter mit Noten) DHSW*, Cum appropinquaret dominus
et cum audisset [populus] ... Et pueri prosternentes
frondes et vestes: Pueri Hebreorum [vestimenta prosterne-
nebant in via] *F*, Quum appropinquaret ... Et (deinde)
Quum audisset (Veniant) Pueri, prosternentes frondes et
vestes (et chorus cantet:) Pueri Hebraeorum *d*

Et pueri prosternentes frondes et vestes [CLERUS cantet:] 'Pueri hebreorum':

55　Pueri Hebræorum
　　vestimenta prosternebant in via
　　et clamabant dicentes:
　　osanna filio David!
　　benedictus, qui venit
60　in nomine domini!]

　　　ITEM 'pueri':

　　[Pueri Hebræorum
　　tollentes ramos olivarum
　　obviaverunt domino,
　　clamantes et dicentes:
65　osanna in excelsis!]

　　　ITEM:

　　Gloria, laus [et honor tibi sit,
　　rex Christe, redemptor!]

Tunc veniat PHARISÆUS et vocet Iesum ad cenam:

　　Rabi (quod interpretatur 'magister'),　　　　15
　　peto, ut mecum hodie
70　velis manducare.

　　　IESUS respondet:

　　Fiat, ut petisti!

　　　PHARISÆUS dicat ad servos:

　　Ite citius, præparate sedilia
　　ad mensæ convivia, ut sint placentia.

　　60a—65 Item pueri: [Pueri Hebreorum tollentes ramos olivarum obviaverunt domino]*F*, Item pueri *HsDHSW*, Pueri et chorus simul cantent *d*　　65a Item *HsDHSWF*, *fehlt d*　　66. 67 *Eingeklammertes ergänzt*　　70a R *Hs*, resp. *DHS*, respondet *F*, respondeat *W*, *fehlt d*　　71a servum *HsDHSdWF*

MARIA MAGDALENA cantet:

Mundi delectatio   dulcis est et grata,
75   eius conversatio   suavis et ornata.   20

Mundi sunt deliciæ,   quibus æstuare
volo nec lasciviam   eius devitare.

Pro mundano gaudio   vitam terminabo:
bonis temporalibus   ego militabo.

80   Nil curans de cæteris   corpus procurabo,   25
variis coloribus   illud perornabo.

*Modo vadat MARIA cum puellis ad Mercatorem
cantando:*

Mihi confer, venditor,   species emendas,
pro multa pecunia   tibi iam reddenda,

si quid habes insuper   odoramentorum,
85   nam volo perungere   corpus hoc decorum.   30

MERCATOR can[tet:]   Bl. 107^v

Ecce, merces optimæ!   prospice nitorem!
hæ tibi conveniunt   ad vultus decorem.

Hæ sunt odoriferæ,   quas si comprobaris,
corporis flagrantiam   omnem superabis.

MARIA MAGDALENA:

90   Chrâmer, gip die varwe mier   35
div mîn wengel rœte,

---

73 a cantet *DHSdWF*, cantēt *Hs*   75 eius *HsF*, Cuius
DHSdW   77 deuitare *HsF*, evitare *DHSdW*   82 Mihi
DHSdW, Michi *HsF*   83 reddenda *HsDHSWF*,
reddenda(s) *d*   85 a cantet *DHSWF*, can *Hs, fehlt d*
87 hae *HF*, hec *HsDSdW*   88 hee *HsHF*, Haec
DSdW   comprobaris *HF*, conprobaris *HsDW*, conpro-
babis *S*, conpropabis *W*, comparabis *d*   90 mier *HsF*,
mir *DHSdW*

dâ mit ich di iungen man
    ân ir danch der minnenliebe nœte!

ITEM:

Seht mich an,   iungen man,   40
95   lât mich ev gevallen!

ITEM:

Minnet, tugentlîche man,
    minneklîche vrauwen!
minne tuôt ev hôchgemût
    vnd lât evch in hôhen êren schauven.   45

ITEM:

100   Seht mich an,   iunge man,
    [lât mich ev gevallen!]

    ITEM:

Wol dir, werlt, daz du bist
    alsô vreudenrîche!
ich wil dir sîn vndertân
105   durch dîn liebe immer sicherlîche.   50

---

92 di *HsF*, die *DHSdW*   93 minnenliebe *SdWF*, liebe
(minnen) *D*, liebe *H*, mīnen *am Rand, Verweisungszeichen
davor und auch vor* liebe *Hs*   93a It (*Strich über* t) *Hs*,
It. *DH*, Item *F, fehlt SdW*   94 iungē *HsSdWF*, iunge *DH*
95 *nach* lat *ein zweites durch untergesetzte Punkte getilgtes*
lat *Hs*   95a It (*Strich über* t) *am Rand Hs*, It. *DH*, Item
F, fehlt SdW   88 hoech gemût *HsF*, hochgemüt *DHSdW*
99 vnd *W*, vnde *HsDHSdF*   hohen *HSdW*, hoehen
HsDF   99a Item *F*, It. *H*, R *D*, R *Hs* (*übergeschrieben*),
fehlt SdW   100 iūge *HsDHF*, jungen *dW*, i. *S*   101 lat
mich cv gevallen *W*, lat mich eu gewallen (*lies* gevallen!) *d*,
etc. *HsDHSF*   101a It (*Strich über* t) *am Rand Hs*,
It. *DH*, Item *F, fehlt SdW*   103 vreudenriche *DHSdW*,
vreudenreiche *HsF*   105 (din *DHSdF*, die *W*) sicherliche
DHSdW, sicherlichen *HsF*

Seht mich an,   [iungen man,
lât mich ev gevallen!]

Postea vadat dormitum, et ANGELUS *cantet:*

O Maria Magdalena,   nova tibi nuntio:
Symonis hospitio   hic sedens convivatur
110 Iesus ille Nazarenus   gratia, virtute plenus,
qui relaxat   peccata populi.   55
hunc turbæ confitentur   salvatorem sæculi.

Recedat Angelus, et surgat MARIA *cantando:*

Mundi delectatio   [dulcis est et grata,
eius conversatio   suavis et ornata.

115 Mundi sunt deliciæ,   quibus æstuare
volo nec lasciviam   eius devitare.

Pro mundano gaudio   vitam terminabo,
bonis temporalibus   ego militabo.

Nil curans de cæteris   corpus procurabo,
120 variis coloribus   illud perornabo.]

Tunc accedat amator, quem Maria salutet, et cum parum loquuntur, cantet MARIA *ad puellas:*

Wol dan, minneklîchev chint,
   schavwe wier [den] chrâme!
chauf[e] wier di uarwe dâ   60
   di vns machen schœne vnd wolgetâne!

106f. Seht mich an, jungen man, lat mich ev gevallen (gewallen, *lies* gevallen *d*) *Wd*, Seht mich an et cetera *HsDHSF*   107a—120 = *HsDHF, fehlen SdW*   109 hospitio *DH*, hospicio *HsF*   113 *von* dulcis *bis* 120 *nach* 74—81 *ergänzt*   120a salutet *HsSdWF*, salutat *DH*   cum *HsDSdWF*, quum *H*   loquuntur *DHSW*, loquuntur (*lies* locuti erunt) *d*, locuntur *HsF*   122 wier *HsDF*, wir *HDdW* den *fehlt HsDHSdWF*   123 Koufe *H*, chauf *HsDSdWF* wier *HsDF*, wir *HSdW*   di *HsDF*, die *HSdW*   124 di *HsDF*, die *HSdW*   vnde *HsDHSdWF*

125 der dâ minnet mier den leip,
muez sein sorgen âne.

ITERUM cantet:

Chrâmer, gip di varwe mier,
[div mîn wengel rœte,
dâ mit ich di iungen man
130 ân ir danch der minnenliebe nœte!]

MERCATOR respondet:

Ich gib ev varwe, deu ist guôt,   65
dar zuoe lobelîch[e],
dev machet ech reht schœne
vnt dar zuoe uil reht wunnechlîche:
135 nempt si hin, habt ir si,
ir ist nicht geleiche!   70

Accepto unguento vadat dormitum.
[ANGELUS cantet:]

O Maria Magdalena,   [nova tibi nuntio,
Symonis hospitio   hic sedens convivatur

---

125. 126 er mucz sein sorgen vri der da minnet mier
(mir *HSdW*) den leip *HsDHSdWF*   126a Iterum cantet
HsDHSWF, Ad Mercatorem *d*   130a R *Hs*, resp. *DHS*,
respondet *F*, respondeat *W*, *fehlt d*   132 lobeliche
HSdW, lobelich *HsDF*   133 dev eu (euch *H*, juch *d*,
iuch *W*) machet reht schoene *HsDHdW*, diu iuch (eu *F*)
machet reht schoene vnt dar zuo *SF*   134 vnt dar (dor
W) zuoe uil reht wnnechliche *HsW*, unt dar zuo (vil) reht
wunnechliche *d*, vnt dar zuoe reht wunechliche *DH*, vil reht
wunnechliche *SF*   135 habt *H*, hab(t) *d*, hab *HsDSWF*
136 geliche *DHSdW*, geleiche *HsF*   136a unguento
DHSdW, ungento *HsF*   136b Angelus (et Angelus *d*)
veniat cantando *HSdW*, (Angelus) *F*, (der Engel erscheint
und singt) *D*, fehlt *Hs*   137—141 = *SdW*, O Maria

Iesus ille Nazarenus   gratia, virtute plenus,
140   qui relaxat   peccata populi.
hunc turbæ confitentur   salvatorem sæculi.]

Tunc surgat MARIA et cantet:

Mundi delectatio   [dulcis est et grata,
eius conversatio   suavis et ornata.

Mundi sunt deliciæ,   quibus æstuare
145   volo nec lasciviam   eius devitare.

Pro mundano gaudio   vitam terminabo,
bonis temporalibus   ego militabo.

Nil curans de cæteris   corpus procurabo,
variis coloribus   illud perornabo.]

*Et iterum postea obdormiat, et ANGELUS veniat
cantando (ut supra):*

150   [O Maria Magdalena,   nova tibi nuntio,
Symonis hospitio   hic sedens convivatur
Iesus ille Nazarenus   gratia, virtute plenus,
qui relaxat   peccata populi.
hunc turbæ confitentur   salvatorem sæculi.]
(et iterum evanescat).

[MARIA MAGDALENA cantet:]

155   Heu vita præterita,   vita plena malis,
fluxus turpitudinis,   fons exitialis!

Magdalena (*darnach durchgestrichen* et iterum evanescat)
Hs, O Maria Magdalena [et (etc et *H*) iterum evanescat]
DH, O Maria Magdalena *F*   141a Tunc surgat maria
et cantet *HsDHF*, Recedat angelus et surgat Maria can-
tando *SdW*   142—149 dulcis *bis* perornabo *fehlt*
HsDHSWF, d *wiederholt* 142—145   150—154 O Maria
Magdalena etc. d, *fehlt HsDHSWF*   154a *nach* eua-
nescat *Rest der Zeile frei Hs*   154b M. Magdalena
cantet *H*, Maria Magdalena *F*, Tunc surgat Maria et
cantet *SdW, fehlt HsD*   155 Heu *mit größerem Anfangs-
buchstaben Hs*   156 exitialis *DHSdW*, exsicialis *HsF*

Heu quid agam misera,　　plena peccatorum,　　75
quæ polluta polleo　　sorde vitiorum!

Angelus dicit sibi:

Dico tibi: gaudium est angelis dei
160　super una peccatrice
poenitentiam agente.

Maria:

Hinc ornatus/sæculi,　　vestium candores! Bl.108ᵣ
protinus me fugite,　　turpes amatores!
Ut quid nasci volui,　　quæ sum defœdanda,　　80
165　et ex omni genere　　criminum notanda.

*Tunc deponat vestimenta sæcularia et induat nigrum
pallium, et amator recedat et diabolus.*

[Maria] veniat ad Mercatorem:

Dic tu nobis,　　mercator iuvenis,
hoc unguentum　　si tu vendideris,
dic pretium,　　pro quanto dederis!
heu quantus est noster dolor!　　　　　　85

158a dict *Hs*, dicit *F*, dicat *DHSdW*　　161 poenitentiam
DHSdW, penitentiam *HsF*　　161a Maria *HsDHSWF*,
Maria (Magdalena) *d*　　163 me] ame *Hs*, a me *DHSdWF*
164 defoedanda *DHd*, defadāda *Hs*, defedanda *S*,
defaedanda *W*, defedata *F*　　165 ex *HsSWF*, ac *DH*,
ab *d*　　criminū *am Rand, von anderer Hand Hs*
165c [Maria] veniat ad mercatorem *F*, veniat ad mercatorem
(*am Rand, Verweisungszeichen hier und nach* diabolus *Hs*)
HsDHSW, veniat ad Mercatorem (et dicat:) *d*　　166 tu
mercator nobis, *durch Verweisungszeichen richtig geordnet*
Hs　　167 unguentum *DHSdW*, vngentum *HsF*　　*Nach*
168 *fügt d ein* (intra se)

MERCATOR respondet:

170   Hoc unguentum   si multum cupitis,
       unum auri   talentum dabitis.
       non aliter   umquam portabitis.
       optimum est!

Et CHORUS cantet:

       Accessit ad pedes [Iesu   90
175   peccatrix, mulier Maria.]

*Accepto unguento vadat ad Dominicam Personam
cantando flendo:*

       Ibo nunc ad medicum   turpiter ægrota,
       medicinam postulans.   lacrimarum vota
       huic restat, ut offeram   et cordis plangores,
       qui cunctos, ut audio,   sanat peccatores.

ITEM:

180   Jêsus, trôst der sêle mîn,   95
       lâ mich dir enpholhen sîn,
       vnde lœse mich uon der missetât,
       dâ mich dev werlt zuoe hât brâht!

169a R *Hs*, resp. *DHS*, respondet *F*, respondeat *W*, *fehlt d*
170 unguentum *DHSdW*, vngentū *HsF*   172 aliter ([nam]
aliter *d*) nusquam portabitis *HsDHSdWF*   173 optimum
DHSdW, obtimum *HsF*   173a Et chorus *HsDHSWF*,
Chorus *d*   174 f. *ergänzt nach Eger. P. (S. 106, XXIII);
im Alsf. P. 2760b nur die ersten drei Worte; keine Ergänzung
bei DHSdWF*   175a unguento *DHSdW*, ungento *HsF*
uadat *HsDHSWF*, vadat (Maria) *d*   175b cantando
HsDSWF, cantans *Hd*   179a It (*Strich über t*) *zweimal,
am rechten Rand neben V. 178 und am linken Rand vor
V. 179 Hs*, Item *DHSF*, (Ad Jesum:) *d, fehlt W*   180—187
ohne Noten Hs   180 trost *DHSdW*, troest *HsF*

24

Item:

Ich chume niht uon den fůezzen dein,
185 du erlœsest mich uon den sunden mein 100
vnde uon der grôzzen missetât,
dâ mich deu werlt zuô hât brâht!

Loquatur Pharisæus intra se:

Si hic esset propheta,
sciret utique, quæ et qualis
190 illa esset, quæ tangit eum,
quia peccatrix est.

Et dicat Judas:

Ut quid perditio hæc?
potuit enim hoc venundari multo
et dari pauperibus!

Iesus cantet:

195 Quid molesti estis huic mulieri? 105
opus bonum operata est in me!

Item statim:

Symon, habeo tibi aliquid dicere!

Symon:

Magister, dic!

183a It (*Strich über* t) *Hs,* It. *DHS,* Item *F, fehlt dW*
187a Loquatur (Loquitur *DH, fehlt d*) phariseus intra se
HsDHSdWF 191a Et dicat Judas *HsDHSWF,* Judas *d*
193 multo *HsHSdWF,* multa *D* 194a cantet (*mit Ab-
kürzung für* et *Hs*) *HsdWF,* cant. *DHS* 196a It
(*Strich über* t) statī *Hs,* Item statim *DHSWF,* (Petro) *d*
197a Symon *W,* Symō petrus *HsDHSdF*

Dicit IESUS:

Debitores habuit   quidam creditorum
200   duos, quibus credidit   spe. denariorum
hic quingentos debuit,   alter quinquagenos,   110
sed eos penuria   fecerat egenos.
cum nequirent reddere,   totum relaxavit.
quis eorum igitur   ipsum plus amavit?

SYMON respondet:

205   Aestimo, quod ille plus   cui plus donavit!

IESUS dicat:

Tua sic sententia   recte iudicavit!   115

Item IESUS cantet ad Mariam:

Mulier, remittuntur tibi peccata!
fides tua salvam te fecit.
vade in pace!

Bl. 108ᵛ

Tunc MARIA surgat / et vadai lamentando cantans:

210   Auwê, daz ich ie wart geborn!
ich hân uerdienet gotes zorn,

198a Dicit iesus *HsDHF*, Dicat Jesus *SW*, Jesus *d*   199
nach quidam *durch untergesetzte Punkte getilgtes* feneratorum
Hs   202 eos penuria] eosdem penitus *HsDHSdWF*   203
cum *HsDSdWF*, Quum *H*   204 *nach* igitur *durch unter-
gesetzte Punkte getilgtes* plus *Hs*   204a Symon R *Hs*,
Symon resp. *DHS*, Symon respondet *F*, Simon respondeat *W*,
Petrus *d*   205a Jesus dicat *HsSWF*, Jesus dicit *DH*,
Jesus *d*   206a Item iesus cantet (cantat *DH*) ad mariã
HsDHSWF, Item cantans ad Mariam (Magdalenam) *d*
208   salvam *SdWF*, saluum *HsDH*   209a   maria
HsDHSWF, Maria Magdalena *d*   210 Awe (v *über* w *Hs*)
auwe (v *über* u *Hs*) *HsDHSdWF*   ie *HsHSWF*, je *d*, in *D*
211 han ich *HsDHSdWF*   verdienet *SdW*, uerdient *HsDHF*

der mier hât geben sêle vnd leip!
auwê, ich uil vnselaeich wîp!   120
Ovwê, daz ich ie wart geborn!
215 swenne mich erwechet gotes zorn,
wol ûf, ir gûten man vnd wip,
got wil rihten sêle vnd leip!

Interea cantent DISCIPULI:
Pharisæus iste fontem misericordiæ   125
conabatur obstruere.

Interim IUDAS veniat festinando et quærat opportuni-
tatem tradendi dicens:
220 O pontifices, o viri magni consilii,   131
Iesum volo vobis tradere.

Cui PONTIFICES respondeant:
O Iuda, si nobis   Iesum iam tradideris,
triginta argenteis   remuneraberis!

IUDAS respondet (Antiphona):
Iesum tradam, credite,   135
225   rem promissam mihi solvite!

---

212 mier *HsDHF*, mir *SW*, mich *d*   vnde *HsDHSdWF*
leip *HsF*, lip *DHSdW*   213 vnselaeich *Hs*, unselaich *F*,
vnselich *DHSdW*   wîp *HsF*, wip *DHSdW*   214 Owe (v
über w *Hs*) awe (v *über* a *Hs*) *HsDHSdWF*   ie *HsDHSF*,
je *d*, nie *W*   215 Swenne *DHSdF*, suvenne *Hs*, swanne *W*
216 gûeten *F*, gûten *DHSdW*, gûetem *Hs*   vnde *HsDHSdWF*
wip *HsDHSdWF*   217 v̄de *HsDHSdWF*   leip *HsF*, lip
DHSdW   217a—369 *fehlen W*   219 conabatur *HsSdWF*,
conabitur *DH*   *Nach* 219 *folgen* 25—34 *HsDHSdW*
219a opportunitatem *Hd*, oportunitatē *HsDSF*   221a
Cui pontifices respondeant (Rant *Hs*) *HsDHSF*, Ponti-
fices *d*   223a Judas respondet *F*, Judas resp. *DHS*,
Judas *d*, Jesum R *Hs*   A[ntiphon]a *F*, A (*mit Strich*
oben) *am Rand Hs, fehlt DHSd*   224 *nach* tradam *durch-*
gestrichenes propere *Hs*   225 mihi *DHS*, michi *HsF*, mi(hi) *d*

turbam mecum dirigite,
　　Iesum caute deducite!

　　PONTIFICES cantent:

Iesum tradas propere!
　　hanc turbam tecum accipe　　　　　　140
230　et procede viriliter,
　　Iesum trade velociter!

　　IUDAS tunc det Iudæis signum cantans:

Quemcumque osculatus fuero,
ipse est, tenete eum!

*Tunc turba Iudæorum sequatur Iudam cum gladiis
et fustibus et lucernis donec ad Iesum. interea IESUS
faciat, ut mos est in cena. postea assumat quattuor
discipulos et cæteris dicat, quos relinquit:*

Dormite iam et requiescite!

　　Deinde vadat orare et dicat quattuor discipulis:

235　Tristis est anima mea　　　　　　　　145
　　usque ad mortem.
　　sustinete hic et orate,
　　ne intretis in temptationem!

*Tunc ascendat in montem Oliveti et flexis genibus
respiciens caelum plorat dicendo:*

　　Pater, si fieri potest,
240　transeat a me / calix iste!　　　　Bl. 109ʳ

227a Pontifices cantent (cātē *Hs*) *HsDHSF*, Ponti-
fices *d*　233c cena *HsF*, caena *DHS*, coena *d*　237 sustinete
HSdF, sustine *HsD*　　　238 temptationem *Hs*, tempta-
cionem *F*, tentationem *DHSd*　　　238b caelum *DHS*, celū
Hs, celum *F*, coelum *d*　　　plorat *F*, p:orat *Hs*, cantet
DHSd

spiritus quidem promptus est,
caro autem infirma.
fiat voluntas tua!

Hoc facto redeat ad quattuor discipulos et inveniat
eos dormientes et dicat Petro:

Symon, dormis?
245   non potuisti una hora
vigilare mecum?
manete hic,
donec vadam et orem!

Postea vadat iterum orare (ut antea):

[Pater, si fieri potest,
250   transeat a me calix iste!
spiritus quidem promptus est,
caro autem infirma.
fiat voluntas tua!]

Tunc iterato veniat ad discipulos et inveniat eos
dormientes et dicat ad eos:

Manete hic!

Et iterum dicit:

255   Pater, si non potest
hic calix transire,
nisi bibam illum,
fiat voluntas tua!

Tunc redeat ad discipulos et cantet:

Una hora non potuistis   150
260   vigilare mecum,

---

241 promptus *HsDdF,* promtus *DS*   243b et dicat
Petro *am Rand von gleicher Hand über die Zeile hinausge-*
schrieben Hs   249—253 *nach* V. 239—243 *ergänzt*
254 *mit roter Tinte, ohne Noten Hs*   254a dict (t *hoch-*
gestellt) Hs, dicit *F,* dicat *DHSd*

qui exhortabamini
mori pro me!
vel Iudam non videtis,
quomodo non dormit,
265   sed festinat
tradere me Iudæis?
surgite, eamus!
ecce appropinquat
qui me traditurus est!

Veniat Iudas ad Iesum cum turba Iudæorum, quibus
I*ʜᴇsᴜs dicat:*

270   Quem quæritis?

Qui respondent:

Iesum Nazarenum!

I*ᴇsᴜs dicit:*

Ego sum!

Et turba retrocedat. item I*ᴇsᴜs dicit:*

Quem quæritis?

I*ᴜᴅæɪ:*

Iesum Nazarenum!   155

I*ᴇsᴜs respondet:*

275   Dixi vobis, quia ego sum!

---

261 exhortabamini *HsDSF*, exhortabimini *Hd*   262
mori *am Rand von gleicher Hand nachgetragen Hs*   265 scd
DHSd, set *HsF*   270a Qui respondent (Rnt, *Strich über* Rn
Hs) *HsDHF*, Qui respondeant *S*, Judaei *d*   271a Jesus
dicit (dict, t *hoch gestellt Hs*) *HsDHF*, Jesus dicat *S*, Jesus *d*
272a Et (*fehlt d*) turba retrocedat. Item (It, *Strich über* t *Hs*,
Item *F*, Iterum *DHS*, et iterum *d*) iesus dicit (dict, t *hoch
gestellt Hs*, dicat *Sd*) *HsDHSdF*   274a Jesus respondet
(R *Hs*) *HsDHF*, Iesus respondeat *S*, Jesus *d*

ITEM:

Si ergo me quæritis,
sinite hos abire!

Tunc apostoli dent fugam excepto Petro, et IUDAS dicat:

Ave, rabbi!

IESUS illi respondet:

O Iuda, ad quid venisti?
280   peccatum magnum tu fecisti:
me Iudæis traditum
      ducis ad patibulum
          cruciandum!

160

Et IHESUS dicat:

Tamquam ad latronem existis
285   cum gladiis et fustibus,
comprehendere me.
[quotidie apud vos sedebam
docens in templo
et non me tenuistis.]

Et ducatur Ihesus ad pontifices, et CHORUS cantet:

290   Collegerunt pontifices
[et Pharisæi concilium.]

275a Item *HsDHSF*, Turba iterum retrocedat et Jesus dicat *d*   278a Jesus illi respondet (R *Hs*, respondeat *S*) *HsDHS*, Jesus *d*   280 tu *übergeschrieben Hs*   283a—299 *nach V.* 299 *HsDHSdF*   283a Et Ihesus dicat *HsF*, Iesus dicat *DHS*, Jesus *d*   284 Tamquam *H*, Tanquam *HsDSdF*   *Neben* 286 *durchgestrichenes* Non noui cū cū illis *am Rand Hs*   287—289 etc *HsDHSF, fehlen d*   289a—291 *HsF, fehlen DHSd*   291 et cetera *HsF*

Et PONTIFICES *cantent et cogitent, quid faciant:*

Quid facimus, quia hic homo   170
multa signa facit?
si dimittimus eum sic,
295 omnes credent in eum!

Et CAYPHAS *cantet:*

Expedit vobis, ut unus moriatur homo
pro populo, et non tota gens pereat!

CLERUS *cantet:*

Ab ipo ergo die cogitaverunt,
[ut interficerent eum.]

Et Petro sequente Ihesum una ANCILLA *dicit:*

300 Vere tu ex illis es!

IPSE *dicit:*

Non sum!

Item ANCILLA:

Nam unus es eis es!
vere tu ex illis es,

291a Et *fehlt* d   292 facimus *HsDHSF*, faci(e)mus *d*
295a Et *fehlt* d   299 etc *HsDHSF*, *fehlt* d   299a se-
quente *HsDF*, sequenti *HSd* dicit *HsDH*, dicat *Sd*
300—304 Vere tu ex illis es (*die letzten drei Wörter von
der gleichen Hand über den Rand hinaus geschrieben*). Ipse
dicit. Non sum Item ancilla. Nam unus ex eis es. vere
tu ex illis es nam et galileus es (*der letzte Satz über V.*
302 *übergeschrieben Hs*, Vere tu ex illis es! Ipse dicit:
Non sum! Item ancilla: Vere tu ex illis es, nam et
Galilaeus es, nam unus ex eis es! *F*, Vere tu ex illis es,
nam et Galilaeus es. Ipse dicit (dicat *S*): Non sum *DHS*,
Vere tu ex illis es, nam et Galilaeus es. Petrus: Non sum *d*

nam et Galilæus es!
305 nonne vidi te cum illo in horto?

Petrus:

Nescio quid dicis:
non novi hominem!

Postea ducitur ad Pilatum Iesus, et dicunt Iudæi:
Hic dixit: 'Solvite templum hoc,
et post triduum reædificabo illud.'

Pilatus respondet:

310 Quam accusa / tionem affertis   Bl. 109ᵛ
     adversus hominem istum?

Iudæi respondent:

Si non fuisset hic malefactor,   175
non tibi tradidissemus eum!

Pilatus:

Accipite eum vos,
315 et secundum legem vestram
     iudicate eum!

---

305 *am Rand neben V. 276—279*   306 *am Rand
neben V. 280f. Hs, fehlt DHSd, F bezieht den Satz zur
vorangehenden Rede der ancilla*   Nescio *aus urspr.* Nescis
geb. Hs, nescis *F*   *unter* quid dicis *schwer lesbares*
Petrus et ancilla *Hs*   307a ducitur *HsDHF,* ducatur *Sd*
dicūt (dicant *Sd*) iudei (*über den drei ersten Wörtern des
V. 308 Hs) HsDHSdF*   309a respondet *F,* R *Hs,* resp.
DHS, fehlt d   310 accusationem *DHSd,* accusacionem
HsF   311a respondent *F,* R *Hs,* resp. *DHS, fehlt d*
313 tibi *HsF, fehlt DHSd*

IUDÆI:

Nobis non licet
interficere quemquam!

Postea ducatur Iesus ad HERODEM, qui dicat ei:

Homo Galilæus es?

Iesus vero taceat. et HERODES iterum dicit:

320 Quem te ipsum facis?

*Iesus non respondet ei ad unum verbum. tunc Iesus
induitur veste alba, et reducunt Ihesum ad Pilatum.
tunc conveniunt Pilatus et Herodes et osculantur invicem.
et Ihesus veniat ad PILATUM, et ipse dicit:*

Nullam causam mortis   180
invenio in homine isto!

IUDÆI dicunt:

Reus est mortis!

Tunc PILATUS dicat ad Ihesum:

Tu es rex Iudæorum?

319a taceat *SdF*, tacebat *Hs*   dicit *F*, dict (t *hoch
gestellt*) *Hs*, dicat *DHSd*   320a respondet *DHF*,
R *Hs*, respondeat *Sd*   320b induitur *HF*, induatur
Sd, inducitur *HsD*   reducūt ihm *HsDHF*, reducant
Iesum *S*, reducant illum *d*   320c cōueniunt *HsDHF*,
conveniant *Sd*   osculantur *HSDHF*, osculentur *Sd*   320d
et ihc *HsDHSd*, Ihesus *F*   dicit *HsDHF*, dicat *Sd*   *Die vier
letzten Wörter der Bühnenanweisung am Rand Hs*   322a
dicunt (dic, *Bogen über* ic *Hs*) *HsDHF*, dicant *S, fehlt d*
323a Tunc pilatus dicat ad ihm *HsDHSF*, Pilatus ad
Jesum *d*

IHESUS respondet:

325 Tu dicis, quia rex sum.

PILATUS dicit:

Gens tua et pontifices tui
tradiderunt te mihi.

IESUS paulatim dicit:

Regnum meum   185
non est de hoc mundo!

PILATUS item dicit:

330 Ergo quem te ipsum facis?

Iesus vero taceat. et PILATUS dicit ad Pontifices
Quid faciam de Iesu Nazareno?

IUDÆI:

Crucifigatur!

PILATUS:

Corripiam ergo illum et dimittam!

324a Rdit *Hs,* resp. *DHS,* ⁻respondit *F, fehlt d*
325a dicit (dict, t *hoch gestellt Hs) HsDHF,* dicat *S, fehlt d*
327 mihi *DHSd,* michi *HsF* 327a dicit (dict, t *hoch
gestellt Hs) HsDHF,* dicat *Sd* 329a Pilatus item (it,
Strich darüber Hs) dicit (dic, *Strich über ic Hs,* dicat *S*)
HsDHSF, Pilatus iterum *d* 330 ipsum *am Rand*
(*Verweisungszeichen am Rand und im Text nach* te *Hs*),
fehlt DHSdF 330a dicit (dict, t *hoch gestellt Hs*)
HsDHF, dicat *Sd* 333 ergo *HsDHSF,* ergo (*lies:* ego) *d*

*Tunc ducitur Ihesus ad flagellandum. postea Ihesus
induatur veste purpurea et spinea corona. tunc dicant
IUDÆI blasphemando ad Iesum:*

Ave, rex Iudaeorum! 190
    (et dent ei alapas)
335 Prophetiza, quis est,
qui te percussit!

Et ducant eum ad Pilatum. quibus PILATUS dicit:

Ecce homo!

    IUDÆI:

Crucifige, crucifige eum!

    PILATUS:

Accipite eum vos et crucifigite!
340 nullam causam invenio in eo!

    IUDÆI:

Si hunc dimittis, 195
non es amicus Cæsaris!

    ITEM:

Omnis qui se facit regem,
contradicit Cæsari!

333a ducitur *HsDHF*, ducatur *Sd*   333b Postea ihs
induatur *HsDHSF*, postea induatur *d*   333c blasphe-
mando *DHSd*, plasphemando *HsF*   336 percussit *HsF*,
percusserit *DHSd*   336a Et *fehlt d*   Cui pilatus
HsDHF, Pilatus *S*, et Hic *d*   dicit (dict, t *hochgestellt
Hs*) *HsDHF*, dicat *Sd*   340a Judei *HsDHSF*, (Quidam)
Judæi *d*   342a Item (It, *Strich oben Hs*) *HsHF*, It. *DS*,
(Alii Judaei) *d*

PILATUS:

345 Unde es tu?
(Ihesus tacet.) PILATUS:
Mihi non loqueris?

   ITEM:

Nescis, quia potestatem habeo
crucifigere te
et potestatem dimittere te?

   IESUS respondet:

350 Non haberes in me potestatem,   200
nisi desuper tibi datum fuisset!

   PILATUS ad Iudaeos:

Regem vestrum crucifigam?

   IUDÆI respondent:

Crucifigatur, quia filium dei se fecit!

   *PILATUS lavans manus suas cum aqua et
dicat ad Iudæos:*

Innocens ego sum
355 a sanguine iusti huius!
vos videritis!

344a Pilatus *HsDHSF*, Pilatus (ad Jesum) *d*   **345** Vnde
estu *Hs*, Unde es tu *DHSd*   **345**a tacet *HsF*, taceat
DHSd   **346** Mihi *DHSd*, Michi *HsF*   **346**a Item (It,
Strich darüber Hs) *HsHF*, It. *DS, fehlt d*   **347** quia *F*,
qi *Hs*, quod *DHSd* **349**a respondet *F*, R *Hs*, resp. *DHS*,
fehlt d   **351**a Pilatus ad Judeos (Ju, d *hochgestellt, dar-
über* s *Hs*, Iud. *DHSd*) *HsDHSdF*   **352**a respondent *F*,
R *Hs*, resp. *DHS, fehlt d*   **353**a et *HsF, fehlt DHSd*
355 sanguine huius *HsDHSF*, sanguine (justi?) **hujus** *d*

Tunc Iesus ducatur ad crucifigendum.   Bl. 110^r
tunc IUDAS ad Pontifices vadat cantando et reiectis
denariis dicit flendo:

> Pænitet me graviter,
> quod istis argenteis   205
> Christum vendiderim!

      ITEM:

360   Resumite vestra, resumite!
> mori volo et non vivere,
> suspendii supplicio volo perdere!   210
> peccavi tradens sanguinem iustum!

      PONTIFICES:

> Quid ad nos, Iuda Iscariotes?
365   tu videris!

Statim veniat diabolus et ducat Iudam ad suspendium
et suspendit [eum]. tunc veniant mulieres a longe plo-
rantes flere Ihesum, quibus IHESUS dicat:

> Filiæ Ierusalem,
> nolite flere super me,
> sed super vos ipsas [flete
> et super filios vestros!]

356b Tunc Judas *HsDHSF*, Postea Judas *d*   356c dicit
F, dict (t *hoch gestellt*) *Hs*, dicet *D*, dicat *HSd*   357
Penitet *HsF*, Poenitet *DHSd*   359a Item (It, *Strich*
darüber Hs) *HsF*, It. *DHS*, (Ad Pontifices) *d*   362 sus-
pendii *HSd*, suspendi *HsDF*   uolo perdere *HsDHF*, volo
me perdere *Sd*   363 peccaui tra/dēs san. iustū *am*
Rand, von derselben oder von gleichzeitiger Hand Hs   364 Is-
cariotes *DHSd*, Scariotys *HsF*   365b suspendit eum]
suspendit *Hs*, suspendat *F*, suspendatur *DHSd*   tunc
fehlt d   368 sed *DHSd*, set *HsF*   *nach dem Vers das*
letzte Viertel der Zeile leer Hs   369. 370 flete-vestros
nach Luk. 23, 28 ergänzt

Tunc Iesus suspendatur in cruce et titulus fiat 'Iesus Nazarenus, Rex Iudæorum'. tunc respondent IUDÆI Pilato cantantes:

370   Regem non habemus
        nisi Cæsarem!

        PILATUS:

    Quod scripsi, scripsi!   215

        Unus IUDÆUS: Bl. 111ʳ

    Si filius dei es,   272
    descende de cruce!

        Item ALTER:

375   Alios salvos fecit: 273
        se ipsum non potest
        salvum facere!

                                        Bl. 110ʳ
Tunc veniat MATER DOMINI lamentando cum Iohanne Evangelista, et ipsa accedens crucem respicit crucifixum:

    Awê, awê   216
    mich hiůt vnde immer wê!
380   awê, wie sihe ich nv an
        daz liebiste chint daz ie gewan

369a suspendatur *HsSdWF*, suspenditur *DH*   fiat *übergeschrieben Hs*   **369ab** Iesus nazarenus rex iudeorum *mit Noten Hs*   **369b** respondent *DHF*, R *Hs*, respondeant *SdW* **369c** cantantes *SdWF*, cant (*Strich über* nt) *Hs*, cant. *DH* **372a—377** *nach* V. 470 *HsDHSdWF*   **372a** Unus] Alter *HsDHSdWF*   **374a** Item alter *HsDHSWF*, Tertius Judaeus *d*   **377ab** Johanne *HsHdF*, Ioanne *DSW*, Evangelista *DHSdW*, ewangelista *F*, ew *mit darübergesetztem* ta *Hs*   respicit *HsDHF*, respiciat *SdW*   **379** we *HsDSdWF*, me *H*

ze dirre werlde dehain wîp!
awê mînes shœnen chindes lîp!   220

    ITEM:

Den sihe ich iemerlîchen an:
385 lât iuch erbarmen wîp vnde man,
lât iwer ovgen sehen dar
vnde nemt der marter rehte war!

    ITEM:

Wart marter ie sô iemerlîch   225
vnde alsô rehte angestlîch?
390 nv merchet marter, not vnde tôt
vnde al den lîp von blůte rôt!

    ITEM:

Lât leben mir daz chindel mîn,
vnde tœtet mich, die muter sîn,   230
Mariam mich uil armez wîp!
395 zwiv sol mir leben vñ lîp?

*Item MATER DOMINI omni ploratu exhibens multos
planctus et clamat ad mulieres flentes et conquerendo
valde:*

Flete, fideles animæ,
flete, sorores optimæ,
    ut sint multiplices
    doloris indices
400 planctus et lacrimæ.   235

---

382 ie dehain *HsDHSdWF*   383 schoenen *H*, shoene
HsF, schoene DSdW   383a. 387a. 391a It (*Strich darüber*)
Hs, It. *DHS, fehlt dW*   387 vnde *HsDHSdW*, und *F*
389 vnde *HsDHSdW*, unte *F*   391 den *HsDHSdF*, der *W*
395 vñ *Hs*, vnde *DHSdWF*   395a exhibens *HsDHF*,
exhibeat *SdW*   395b clamat *HsDHF*, clamet *SdW*   con-
querendo *HsDHF*, conquerentes *SdW*   399 doloris
DHSdWF, doloros *Hs*   406—410 *nach V.* 400 *F*

Fleant materna viscera   239
Mariæ matris vulnera,
  materne doleo,   240
  quæ dici soleo
405 felix puerpera.   241

Triste spectaculum   236
  crucis et lanceæ
clausum signaculun
  matris virgineæ
410   profunde vulnerat;
  hoc est, quod dixerat,
  quod prophetaverat,
felix prænuntius,
hic ille gladius,
415   qui me transverberat.   244

Dum caput cernu[um,   245
  dum spinas capitis,
dum plagas manum
  cruentis digitis
420   supplex suspicio,.
  sub hoc supplicio
  tota deficio,
dum vulnus lateris,
dum locus vulneris
425   est in profluvio.]

Et Johannes teneat Mariam sub umeris, et dicat
Ihesus ad eam: Bl. 111ʳ

Mulier, ecce filius tuus!   260

---

402 vvlnera *Hs,* vulnera *DHSdW,* volnera *F* 410
vvlnerat *Hs,* vulnerat *DHSdW,* volnerat *F* 413 felix
HsDHSdWF, senex *Dreves* 416 *mit* cernu *bricht Bl.* 110ʳ
ab, auf Bl. 110ᵛ *Sprüche aus Freidank* cernu *HsDHSdF,*
cern *W* 416—425 *nach Dreves, Anal. Hymn.* 20, 155 *er-*
gänzt 425a—427 *nach V.* 461 *HsDHSdWF* 425a
humeris *HsDHSdWF*

Deinde dicit ad Johannem:

Ecce mater tua!   261

Tunc MARIA amplexetur Johannem et cantet eum
habens inter bracchia:

430   Mi Johannes, planctum move,   246
     plange mecum, fili nove,
       fili novo fœdere
       matris et materteræ,
         tempus est lamenti;   250
     immolemus intimas
     lacrimarum victimas
435   Christo morienti.

Et per horam quiescat sedendo et iterum surgat
cantans:

     Planctus ante nescia   254
     [planctu lassor anxia,
       crucior dolore,

     Orbat orbem radio,
440   me Iudæa filio,
       gaudio, dulcore.

     Fili, dulcor unice,
       singulare gaudium,
     matrem flentem respice
445   conferens solatium.

426a dict (t *hoch gestellt*) *Hs*, dicit *F*, dicat *DHSdW*
auf Bl. 111ʳ *in der rechten oberen Ecke von anderer Hand*
Domine miserere *A* (= Antiphona) dominus factus est *Hs*
427a amplexetur *HsSdWF*, amplexatur *DH*   427b brachia
HsDHSdWF   430 foedere *DHWd*, federe *HsSF*   435b
cantans *F*, cantando *DHSdW*, cantet *Hs*   436 ante *über*
getilgtem est *Hs*   437—449 etc *HsDHSF, fehlt d, von*
W nach dem Cgm. 716 *ergänzt, von mir nach Dreves ergänzt*
437 lapsor *W*

Pectus, mentem, lumina
  torquent tua vulnera,
quæ mater, quæ femina
  tam felix, tam misera!]

Tunc iterum amplexetur Johannem et cantet:

450 Mi Johannes, [planctum move,   255
  plange mecum, fili nove,
    fili novo fœdere
    matris et materteræ,
      tempus est lamenti;
455 immolemus intimas
  lacrimarum victimas
    Christo morienti.]

Johannes ad hæc:

O Maria, tantum noli
lamentari tuæ proli!
460 sine me nunc plangere,
quæ vita cupis cedere!   259

Postea vadant Maria et Johannes de cruce, et Iesus dicat:

Sitio!   262

Statim veniant Iudæi præbentes spongiam cum aceto, et Iesus bibat:

Consummatum est!

449a amplexetur *HsDSdWF*, amplexatur *H*   450—457
Mi iohannes etc *HsDHSWF*, d *wiederholt* V. 450—453
457a hec *HsDHSWF*, haec (*lies*: hanc) *d*   459 lamentari
DHSdW, lamentare *HsF*   tuo(*lies*: tuæ) *d*, tuo *HsDHSWF*
461 vitam *HsDHSdWF*   462a spongiam *HsDHSdW*,
spongium *F*   aceto *DHSdW*, acceto *HsF*

Iesus videns finem dicit clamando:

E-ly-E-ly lama sabactany!   266
465 hoc est: deus, deus meus,
ut quid dereliquisti me?
(*Et inclinato capite emittat spiritum.*)

Et Unus ex Iudæis dicat ad Iudæos:

Elyam vocat iste!   271
eamus et videamus,
si Elyas veniens
470 liberet eum an non!

Tunc Longinus veniat cum lancea et perforet latus
eius, et ille dicat aperte:

Ich wil im stechen ab daz herze sîn   264
daz sich ende sîner marter pîn!   265

   Longinus:

Vere filius dei erat iste!   267

   Item:

Dirre ist des wâren gotes sůn!   268

   Item:

475 Er hât zaichen an mir getân,
wan ich mîn sehen wider hân!   270

463a dicit *HsDHF*, dicat *SdW*   464 *Die vier ersten Silben*
durch längere rote Striche voneinander getrennt, Vers ohne Noten
Hs   lama sabactani *DSWF*, lamma sabacthani *H*, Lema-
sabactany *Hs*, lam(m)a sabact(h)ani *d*   465. 466 *ohne Noten*
Hs   465 hoc est *HsDHF*, *fehlt SdW*   466 dereliquisti
HsHSdWF, dereliquiste *D*   466a—470 *nach* *V*.476,
470a—472 *nach* *V*.463, 473 *nach* *V*.466a   473a Item
(It, *Strich darüber Hs*) *HsHF*, It. *DS*, *fehlt dW*   474 des
HsHSdWF, tes *D*   474a Item (It, *Strich darüber Hs*)
HsHF, It. *DS*, (Ad Judaeos) *d*, *fehlt W*

44

Cantet Joseph ab Arimathia: Bl. 112ᵛ

Iêsus von gotlîcher art,   274
   ein mensch ân alle sunde,   275
der ân schuld gemartret wart,
480   ob man den vurbaz vunde
genaglet an dem chrivze stân,
   daz wer niht chuneges êre!
darumbe solt ir mich in lân   280
   bestaten, rihter, hêrre!

Pilatus:

485   Swer redelîcher dinge gert,
   daz stêt wol an der mâze,
daz er ir werde wol gewert.
   du bitest daz ich lâze   285
dich bestaten Ihêsum Christ:
490   daz main ich wol in gůte.
seit er dir so ze herzen ist,
   nim in nâch dînem můte!

476a—492 *auf Bl.* 112ᵛ, *von anderer Hand, alles mit schwarzer Tinte Hs*   476a Cantet *SdWF*, Cantus *HsDH*   477 gotlicher *DHSdWF*, gotlich *Hs*   479 an *HsSWF*, ane *DH*, an(e) *d*   schuld *DSdWF*, schult *H*, schuld (*oder* schulde?) *Hs*   483 darumb *HsDHSdWF*   mich *HsDSWF*, mir *H*, mich (*lies:* mir) *d*   485 *vor* dinge *gestrichenes* rede *Hs*   492 nim *DHSdW*, num *HsF*

DAS ST. GALLER PASSIONSSPIEL

Das St. Galler Passionsspiel ist in der Sammelhand-
schrift Nr. 919 der Stiftsbibliothek von St. Gallen
überliefert (Bl. 197—217); diese Blätter sind durch-
schnittlich 14,2 cm breit und 18,5 cm hoch, die Verse
sind nicht abgesetzt, aber häufig durch einen kleinen
waagrechten Strich voneinander getrennt; der obere
freie Blattrand beträgt im Durchschnitt 1,5 cm, und
unten steht die letzte Zeile etwa 2 cm vom Blattrand
ab; die Zeilenenden reichen knapp bis zum rechten
Rand, während links ein Raum von etwa 1,5 cm für
die (durchweg lateinischen) Bühnenanweisungen be-
stimmt ist. Da dieser schmale Rand für längere
Bühnenangaben nicht ausreicht, müssen diese meist
sehr stark abgekürzt werden: es sind aber nicht nur
die allgemein üblichen und leicht verständlichen Ab-
kürzungen, sondern die einzelnen Wörter sind oft
willkürlich gekürzt: mitunter werden nur die Anfangs-
buchstaben der betreffenden Wörter gegeben, so daß
schon eine ziemlich eingehende Bibelkenntnis not-
wendig ist, um den Sinn dieser einzelnen Buchstaben
richtig zu deuten[1]). Trotz diesen Kürzungen reicht

---

[1]) So erklären sich auch manche bedeutsame Abweichun-
gen der vorliegenden Ausgabe von der F. J. Mones (Schau-
spiele des Mittelalters, Bd. I., Karlsruhe 1846, S. 49—128):
so schreibt Mone z. B. in V. 228a: *Tunc Petrus et Andreas
cantent similiter et Petrus: messiam etc. et dicat Andreas.*
Die Hs. bietet hier: *tc petrus* (mit Abkürzung für *us*) *et
an — cātēt siml* (mit Häkchen oben am *l*) *ī veīus* (mit Ab-
kürzung für *us*) *messiā et c* (mit Abkürzung für *er*) *et dicat
An-*, das ich richtig in *Tunc Petrus et Andreas cantent simul:
Invenimus Messiam, etc. et dicat Andreas* aufgelöst habe.
Mones Verlesung ist dadurch zu erklären, daß in das *v* von
invenimus das *l* von *wol* in V. 230 hineinragt und Mone das *v*

aber oft der freie Raum nicht ganz aus, so daß die
Bühnenanweisungen nicht immer nur neben dem
ersten Vers einer Rede stehen, sondern sich oft auf
mehrere Zeilen verteilen; besonders erschwert wird
das Entziffern dieser Bühnenangaben, wenn mehrere
kurze Reden aufeinander folgen und sich nun am Rand
die bühnlichen Bemerkungen, die häufig sogar einige
Zeilen entfernt von der entsprechenden Rede stehen,
so häufen, daß eine Abgrenzung äußerst mühsam ist;
freilich hilft sich der Schreiber mitunter durch Ver-
weisungszeichen oder durch ein dem geschriebenen
lateinischen T ähnliches Zeichen, durch das er auf
den Anfang einer neuen Rede aufmerksam machen
will. Auch die am rechten Rand stehenden Enden der
Zeilen stehen oft unter der betreffenden Zeile, manch-
mal selbst mehrere Zeilen von ihr entfernt, und durch
eine Schlinge oder durch besondere Verweisungs-
zeichen deutet der Schreiber die richtige Beziehung
der einzelnen Wörter oder Wortteile an. Dazu kommt
noch, daß die Schrift ganz besonders ungelenk und
auch sehr eng ist; am meisten aber wird das Lesen
dadurch erschwert, daß die Tinte ins Papier verflossen
ist und viele Zeilen zur Hälfte verkleckst sind, so daß
auch hier wieder nur das Gefühl für das, was man an
dieser Stelle textlich erwarten kann, den richtigen und
auch in allen Fällen sicheren Weg zur Entzifferung gibt.
Von Bl. 215 an wird die gleiche Hand etwas flüchtiger,
die Buchstaben stehen weiter voneinander ab, und
das Ganze ist übersichtlicher und leichter zu lesen.

---

als p gedeutet und *invenimus* in seiner abgekürzten Gestalt
als *Petrus* gefaßt hat, obwohl kein *r* dasteht; nachdem er ein-
mal *Petrus* zu entziffern vermeint hatte, mußte er das $\bar{\imath}$ von
invenimus als abgekürztes *et* lesen. — In der vorliegenden
Ausgabe habe ich, um die Lesarten leichter verständlich
zu machen, die einzelnen Stellen nicht in der abgekürzten
handschriftlichen Gestalt angegeben, außer in Fällen, in
denen es zum Verständnis der Stelle unbedingt nötig war.

Neben den üblichen Abkürzungszeichen in deutschen Wörtern wie dem Zeichen für -er, für -ra-, für *und*, dem waagrechten, für *n* oder auch für *m* stehenden Strich über Selbstlauten, *dz* für *daz*, findet sich auch hochgestelltes *o* für -ro- (*g°z = groz*, *t°stet = trostet*, *b°de = brode*), und einmal auch hochgestelltes *a* für -an-: *g^aze = ganze* (V. 1108), wo Mone *groze* schreibt.

Große oder farbige Anfangsbuchstaben finden sich nicht. — Der Schreiber gibt den Gesangsteilen keine Noten bei; daher habe ich die zahlreichen gesungenen Stellen nicht besonders bezeichnet. Im allgemeinen wird aber hier streng zwischen Gesangs- und Sprechversen geschieden; daher habe ich das übliche *et dicat* auch dort eingefügt, wo es der Schreiber versehentlich ausgelassen hat; wenn etwa wie z. B. in V. 820a die Angabe *Tunc dicat Ihesus cantando* erscheint, so ist hier *dicat* nicht wörtlich zu nehmen: es kann im Zusammenhang nur bedeuten, daß Jesus auf die vorausgehenden, mehr dem Irdischen zugewandten Verse nun als Ausdruck seiner seelischen Erregung den lyrischen Gesang folgen läßt; es wird also damit nur angedeutet, daß Jesus neuerlich anhebt und daß nun etwas anderes mitgeteilt wird.

Der Text ist durch Mones Abdruck bekannt; aus triftigen Gründen bin ich auch hier von der Zählung des ersten Herausgebers abgewichen, der ungenau und nicht folgerichtig zählt: so rechnet er u. a. in den Versen 603—609 den lateinischen Satz 606f. als einen Vers, während er sonst in der Zählung die lateinischen Stellen ganz überschlägt[1]). — Die mundartliche Tönung des Spiels hat Mone nur sehr unvollkommen wiedergegeben, z. T. hat er stark normalisiert, und eben durch die Fehlerhaftigkeit seines Normalisierungsversuchs hat er die Mundart ziemlich verwischt.

Als Heimat des Schreibers stellt sich schon bei flüchtiger Betrachtung der mitteldeutsche Sprach-

---

[1]) S. 6.

raum heraus, und als engere Heimat läßt sich auf
Grund der Behandlung der *p*- und *t*-Laute das ripua-
rische Sprachgebiet[1]) erschließen: unverschoben ist *p*
im Anlaut (*plegen* 95, 719, *plegent* 1440, *plag* 539,
plith 126, *penninge* 351, 1453, *pennige* 755, 1444,
Puch 517, *gepant* 781, *pant* 813, *pert* 1144, *pŭnt* 1448),
in der Verdopplung (*schoppere* 3, *inknuppen* 75), nach
m (*schimpes* 294), nach *l* (*helpe* 263, 338, 1491, aber
half 454); dagegen findet sich für den Typ *werfen* nur
ein Beispiel, in dem die Verschiebung durchgeführt ist:
werfe[2]); die Fälle des Typs *helpen* weisen auf ripuari-
schen Sprachgebrauch, dem der moselfrk. mit *helfen*
und *werfen* gegenübersteht.

Die Schreibung der *t*-Laute entspricht ganz dem
westmd. Gebrauch, demzufolge *d* erscheint (*dun, ver-
boden, druncken* usw.), nur im Auslaut steht ausnahms-
los *t*; für -*rt*- findet sich nur *harte* 1245, das in seiner
Lautgestalt auf das Moselfränkische weisen würde, wäh-
rend im Ripuarischen *harde* zu erwarten wäre; jedoch
ist im 14. Jh. auch ripuarisches -*rd*- zu -*rt*- übergeg-
gangen. Unverschoben ist *t* in *sat* (= *sazte*) 724. —
Wohl auf das Ripuarische weist auch der Übergang
von -*rht* zu *ht*: *vohte* 479, 546, *vohten* 489, 1426, *vohtes*
1307, ebenso die Entwicklung von -*ht* zu -*th*, das aller-

---

[1]) Mone (I, 70) scheint mehr an das Moselfränkische
gedacht zu haben, wenn er als Heimat des Schreibers das
Gebiet am linken Mittelrhein zwischen Mainz, Koblenz
und Trier annimmt.

[2]) Allerdings ist die Scheidung zwischen *p* und *f* nicht
immer leicht, da oft auch das *f* nur die Mittel- und Unter-
länge einer Zeile ausfüllt und sich die beiden waagrechten
Schäfte des *f* mitunter zu einem Kreis runden; aber ein
genauerer Vergleich der zwei Zeichen ergibt, daß jedes *f*,
bei dem die zwei Querschäfte zu einer Schlinge verflossen
sind, unter dieser Schlinge noch einen waagrechten Strich
zeigt, der beim *p* fehlt.

dings nicht folgerichtig durchgeführt ist, aber auch im Reim erscheint: *mitternath* : *stat* 809.

Wenn neben *gesegen* 116 auch der Reim *sein* (= *segen*) : *heim* 365 auftritt, so entspräche der Wandel von *ëge* zu *ei* dem moselfrk. Gebrauch: im Ripuarischen geht *ëge* und auch *age* in *ā* über; aber dieser eine Fall *sein* könnte auch Verschreibung für *sain* sein.

Der Grund, warum die ripuar. Mundarteigentümlichkeiten nicht stärker hervortreten, liegt offensichtlich darin, daß dieses Denkmal keine völlige Neuschöpfung, sondern Abschrift einer viel älteren, z. T. wohl noch ins 13. Jh zurückreichenden Vorlage ist, die einem anderen Mundartgebiet angehörte: dafür spricht neben dem allgemeinen Schreibgebrauch der Hs. u. a. die altertümliche, freilich im 14. Jh. nicht ungewöhnliche Schreibung *sc* für *sch*, die gelegentliche Verwendung von *c* für *k* vor *l*, die Erhaltung des stimmhaften Reibelautes *z* (neben häufigerem *s*), die Bewahrung des *s* in *swer* und *swo*, die z. T. noch genau erhaltene Auslautverhärtung und die teilweise festgehaltene doppelte Verneinung durch *en-* und *niht*.

Durch die Annahme einer älteren Vorlage ist auch das Schwanken des Schreibers zwischen einzelnen Formen, d. h. zwischen zwei Schreibgewohnheiten und Mundarten erklärlich; so finden sich neben den mit Vorliebe (auch im Reim auf stammhaftes *a*) gebrauchten *a*-Formen von *sullen* auch *o*-Formen, sogar im Reim: *sol* : *wol* 104, 371, 475, 489, *sal* : *wol* 579, 707; freilich besagt die Bindung auf *wol* (= *wal*) nicht viel, wohl aber *sal* : *vol* 1031, *sollen* : *wollen* 211. — Neben der Erhaltung des Biegungs-*e* im Dativ männl. u. sächl. ist die Apokope des *e* doch auffällig: *ich kom* 937, *sprach* (Dingw.) 1005, *helf* (Dingw.) 1292, weniger freilich *hût* (Dingw.) 1433. — Vortoniges *e* tritt meist als *i* auf, aber immerhin erscheint daneben auch *e*. — Bemerkenswert sind auch schwankende

Schreibungen im Reim: *stunt*: *kont* 464, *zoth*: *suht* 543, *irsturbe*: *irworbe* 614, *dûr*: *hervor* 1460; neben *ordeil* 1250 steht kurz darnach *vrteil* 1252.

Besonders auffällig ist die Behandlung der e-Laute: der Bearbeiter meidet die Bindung von *ë* : *ê* und von *ë* : *ä* und hält auch *ê* und *æ* bis zum V. 677 streng auseinander, obwohl genug Möglichkeiten gegeben wären, *ê* auf *æ* zu reimen; aber auch nach V. 677 begegnet die Bindung *ê* : *æ* nur in 8 Fällen, von denen die Hälfte eine besondere Erklärung findet: der Bearbeiter liebt es, eine Rede mit einem Mehrreim abzuschließen; da sich dieses aus der späthöfischen Dichtung[1]) übernommene Bestreben, eine besondere Klangwirkung zu erzielen, sonst in dem die Form weniger beachtenden Schauspiel nicht findet, liegt die Annahme nahe, daß erst der Bearbeiter seine Vorlage durch diese Mehrreime erweitert und ausgeschmückt hat; so stehen am Schluß von Reden die Reime *sêre*: *kêre*: *êre*: *swære* 1209, *lêre*: *vnêre*: *swære* 1270, die kurze, nur aus zwei Zeilen bestehende Rede 956f. weist die Reime *wunderære*: *lêre* auf, und in der vierzeiligen Rede 911—914 erscheinen die Reime *sêre*: *wære*: *vffenbære*: *lêre*, die man zur Not auch als umschließende Reime deuten könnte. So bleiben nur noch die 4 Reimpaare übrig, die entweder am Anfang oder in der Mitte einer Rede stehen: *wunderære*: *êre* 678, *mære*: *kêren* 946, *rehtær*: *êr* 1113, *swære*: *mêre* 1497. Bezeichnend ist es, daß in allen 8 Fällen der *ê*-Laut immer vor *r* steht; wenn auch die Möglichkeit für die Bindung von *-ær*: *êr* häufiger ist, so ist doch hervorzuheben, daß für die Stellung vor *h*, *w* oder vor anderen Mitlauten sich kein einziger Beleg findet. Auf Grund

---

[1]) Dreireime in der Krone des Heinrich von dem Türlein, im Frauendienst Ulrichs von Liechtenstein, im Vaterunser des Heinrich von Krolewitz. Siehe Friedrich Kauffmann, Deutsche Metrik nach ihrer geschichtlichen Entwicklung. 3. Aufl. Marburg 1925, S. 70ff.

dieser eigenartigen Behandlung der *e*-Laute ist wohl
der Schluß nicht zu weitgehend, daß die Verse, in
denen *ê* : *æ* gebunden ist, erst vom Bearbeiter einge-
schoben oder umgedichtet wurden.

Auffallend ist ferner der Gebrauch beider Formen
gân und *gên*, *stân* und *stên* und ihre verschiedene Ver-
wendungsweise: mit Ausnahme von *stê* : *wê* 897,
ergê : *mê* 954 setzt der Bearbeiter nur *gân*, *stân* in den
Reim, während er im Versinnern nur *gên*, *stên*
schreibt; freilich bieten sich die Bindungen auf *gân*,
stân leichter dar als die auf *gên*, *stên*.

Besonders hinzuweisen ist auch auf das Schwanken
des Schreibers zwischen *ie* und *i* (bzw. *e*), *iu* und *u*
(bzw. *o*), *ei* und *eu* (sowohl *ei* für *eu* als auch umge-
kehrt), *t* und (überwiegendem) *d*, *th* und *ht*. — Neben
dem häufigen Ausgang der 1. Sg. findet sich auch die
durch den Reim geschützte Form auf -*e*: (*dage* : *sage*
635), und neben dem oft erscheinenden -*ent* der 2. Pl.
tritt aber auch -*et* auf.

Diese und andere Schwankungen deuten nicht wie
sonst im Schauspiel nur auf ältere und jüngere Formen
und Entstehungsschichten, sondern auf eine Mischung
von Mitteldeutsch und Oberdeutsch. Als Mundart
der Vorlage kommt nur das Alemannische in Be-
tracht: auf diesen Sprachraum weist die häufige Ver-
wendung der 3. Pl. für die 2. Pl. (auch im Reim
irkant : *begant* 750), die fast ausnahmslose Verwendung
der Formen *gân*, *stân* im Reim, die Bindungen von
m auf *n*: *sein* : *heim* 365, *man* : *Barrabam* 1175, 1177
(wenn man sie nicht, zumal die beiden letzten
Fälle, als Assonanzen betrachten will), und schließ-
lich die Nasalierung in *vnminnenclich* 218, *innenc-
lich* 330.

Von den (seltenen) Reimen mit überschießendem *e*
oder *n* abgesehen, weisen die im allgemeinen muster-
haften Reimbindungen sowie die ganze Verskunst auf
die zweite Hälfte des 13. Jhs. Der schon oben er-
wähnte Dreireim tritt meist am Schluß einer Rede

auf[1]): 86, 551, 834, 580, 646, 682, 693, 1166, 1235,
1270, 1296, 1376, 1477; auch der Vierreim findet sich
am Schluß einer Rede: 25—28, 1209—1212, 1518
bis 1529; die Verse 988—991 und 911—914 bilden
überhaupt nur eine einzige Rede; vielleicht liegt auch
in den Versen 1442—1445 ein (namentlich. in den
ersten zwei Zeilen) verderbter Vierreim vor; im Innern
einer Rede erscheint nur in V. 3—6 ein Vierreim, der
sich aber in zwei verschiedene, in sich rein gebundene
Reimpaare (*ære* : -*ære*, -*êre* : -*êre*) gliedert, sowie in
den Versen 1424—1427, doch kann es sich an dieser
Stelle angesichts der sonst häufigen Bindung von *an* :
ân auch um zwei Verspaare (*an* : *ân*, *ân* : *ân*) handeln.
Zweimal finden sich auch Fünfreime am Schluß von
Reden, 785—789 und 1137—1141, zweimal tritt sogar
ein Siebenreim auf, 1151—1158 und 1273—1281, wo
die Rede des Soldaten (mit Ausnahme des wohl ver-
derbten Verses 1275) lauter Reime auf -*eine* enthält:
gerade durch dieses Geleier, das noch durch den klin-
genden Ausgang der Reime stärker ins Ohr fällt, soll
eine besondere komische Wirkung erzielt werden, wie
sie sonst in ähnlicher Weise vor allem in den Anprei-
sungen des Krämers in den Osterspielen, besonders
im 3. Erlauer Spiel, beabsichtigt ist. Obwohl diese
Reime keine mundartlichen Eigentümlichkeiten auf-
weisen, darf man in ihnen wohl ein Erzeugnis der
jüngsten Schicht oder doch wenigstens eine Auf-
schwellung einer ursprünglich ernst gemeinten Stelle
sehen.

In den Mehrreimen erscheint mitunter das gleiche
Reimwort zweimal (wenn auch nicht unmittelbar
nacheinander); an zwei Stellen tritt auch der rührende

---

[1]) Nur folgt auf den Dreireim 930—932 als Abschluß
noch ein anders gereimtes Verspaar; da in diesem die Zu-
hörer vor Ruhestörungen gewarnt werden (ein später Zug),
darf wohl auch angenommen werden, daß sie erst später
darangefügt wurden.

Reim[1]) auf (920 und 958)[2]), reimlos ist nur V. 1369: hier hat der Schreiber den darauf reimenden Vers übersehen. Assonanzen sind im Gegensatz zu den meisten Schauspielen ziemlich selten und auch leichterer Art (719, 1043); die Bindung *sprachen : brahten* 257 will Mone ohne inneren Grund in *drahten : brahten* bessern; hart ist der Reim *rufet : get* 92, ebenso die Assonanz *kommen : stunden*, 1569, der aber sicherlich ursprüngliches *kummen : stunden* zugrunde liegt.

So sehr der Bearbeiter das Bestreben hat, durch Reimkünste zu überraschen, so offensichtlich ist andererseits seine Reimarmut: die landläufigsten Reimbindungen kehren immer wieder, die Zahl der Flickreime ist ziemlich groß und entspricht im allgemeinen der Art der volkstümlichen Dichtung; namentlich werden oft Zeitangaben, die leichte Reimmöglichkeiten ergeben, zu Flickreimen benutzt wie *in dirre vrist, an dirre stunt, zů dirre zit;* auch zum Füllen des Versinnern werden solche Angaben verwendet, z. B. *daz dich zů hant der engel dreit* (172). Besonders häufig werden Wörter, Wendungen oder Formeln der Beteuerung oder Bekräftigung in den Reim gestellt, wie *sicherlich, vor war, wol;* mitunter fügen sich solche Verlegenheitsreime schlecht in den Sinn des Satzes ein, z. B. *blint man arm ist vor war beide stille vñ offenbar* 384f.; *Ir werdent alle in dirre nath von mir flihende bit math* 795f. Auch tonlose Wörter werden im Reim verwendet: *Elyas : daz* 61, *daz : Elyas* 63; gelegentlich wird auch ein dem Sinn nach unnötiges *dûn* (169), *geschehen* (389) oder *geben* zur Erzielung des Reims verwendet; zu dem die Verleugnung Christi verkündenden Krähen des Hahns

---

[1]) Siehe C. v. Kraus, Zeitschr. f. deutsches Altertum 56, 1—76.

[2]) Hier läge es nahe, das zweite Reimwort in *genesen* zu verbessern; aber *gewesen* wird doch durch den Sinn des Satzes gefordert.

wird hinzugesetzt: *als sin gewanheit stat* (810), weil der Bearbeiter einen Reim auf *mitternath* benötigt.

Die Reimarmut des Bearbeiters, die ihn zur Verwendung so zahlreicher Flickreime veranlaßt, ist auch der Grund für die textliche Aufschwellung, zu der er trotz seiner außerordentlich engen Anlehnung an den lateinischen Bibeltext gezwungen ist. So gibt er z. B. die Matthäus-Stelle 4, 3 (*Si filius dei es, dic, ut lapides isti panes fiant*) in 4 Versen wieder: *Bist du godes sun alleine, so sprich, daz dise steine zu dirre stunt werden brot: so bûzes dû des hungers not* (V. 155 bis 158); ängstlich bemüht sich hier der Bearbeiter, kein einziges Wort der Vorlage unübersetzt zu lassen, aber der Reimzwang nötigt ihn, über die Bibel hinaus sprachliche und gedankliche Zusätze vorzunehmen: die wichtigsten Wörter des lateinischen Textes sind *lapides* und *panes*, daher muß er *steine* und *brot* in den Reim setzen und dazu die entsprechenden gleichklingenden Wörter finden; so erklärt sich der unsinnige Zusatz *alleine*, die überflüssige Zeitangabe *zu dirre stunt* und der unnötige letzte Füllvers, der von der nüchtern-verstandesmäßigen und kleinlichen Art des Bearbeiters zeugt. Das gleiche Verfahren zeigen z. B. die Verse 172, 186—189[1]), 286—288[2]), 354f.[3]), 495f.[4]), 596—598[5]), 600—603[6]), 604f., 608, 772—775,

---

[1]) Nach Matth. 4, 10 u. Luk. 4, 8: *Dominum deum tuum adorabis et illi soli servies.*

[2]) Zusatz über Joh. 8, 7 hinaus.

[3]) Mark. 14, 7 (*semper enim pauperes habetis vobiscum*) = *Ir hant armer lude vil beide nŭn vn̄ alle zil.*

[4]) Joh. 9, 17 (*numquid et vos vultis discipuli eius fieri*) = *wollent ir it vf der erden sine jungern werden?* Hier war durch *fieri* das zweite Reimwort *werden* von vornherein gegeben.

[5]) Joh. 11, 25 (*Ego sum resurrectio et vita: qui credit in me, etiam si mortuus fuerit, vivit*) = *Ich bin die vfirstende vn̄ daz leben: swer daz geleubet, dem wirt gegeben, daz er*

858—961. Des Reimes wegen weicht der Bearbeiter mitunter auch von der Wortfolge seiner Vorlage ab: so heißt es bei Joh. 13, 9: *Domine, non tantum pedes meos, sed et manus et caput;* da sich für *heubet* an dieser Stelle kaum ein geeigneter Reim fände, vertauscht der Bearbeiter *manus* und *caput* und übersetzt: *wasche mir daz heubet vñ auch die hant, e ich so dure worde gepant* (V. 799f.), wobei der letzte Vers wieder ein inhaltlicher Zusatz ist.

Über die Bühnenverhältnisse und die zahlreichen Fragen, zu denen das Spiel veranlaßt, werde ich demnächst in der Festschrift für Wolfgang Stammler berichten. Zu danken habe ich der Verwaltung der Stiftsbibliothek von St. Gallen, die mir die Handschrift nach München geschickt und die Genehmigung zur Herstellung von Lichtbildern erteilt hat.

München, 6. März 1951.

Eduard Hartl.

---

die helle nummer gesith. Aus der Vorlage stellt sich das erste Reimwort *leben* ganz von selbst ein, aber das darauf reimende *gegeben* ist unpassend, da eine verneinende Wendung folgt.

[6]) Nach Joh. 11, 27: *ego credidi, quia tu es Christus filius dei vivi, qui in hunc mundum venisti.*

ST. GALLER PASSIONSSPIEL

Omnibus personis decenter ornatis cantent ANGELI.
Quo finito dicat AUGUSTINUS:

> Hore, heilge christenheit,
> dir wirt noch hude vor geleit,
> wie aller der welte schoppere
> mit zeichen offenbere
> 5   dar zů mit heilger lere   5
> vñ auch bit grozer sere
> gewandelt hat vf ertrich
> vñ wart gemartelt dorch dich:
> daz merke wol bit sinnen!
> 10 die rede sal beginnen,   10
> wie er vz wazer mathe win.
> so sal die ander rede sin,
> wie er von Sancte Johanne,
> dem vil heilgen manne,
> 15 gedaufet wart in dem Iordan: 15
> daz sollent ir alle wol verstan!

Iterum ANGELI.

Tunc SPONSUS *procedat dicens ad Ihesum et ad*
Mariam:

> Ich biden dich, Maria vñ din kint,
> daz ir zů miner brutlefte sint:
> so bin ich vmer me gemeit,
> 20 wirt mir dise bede nit verseit!   20

Überschrift: Assit principio sancta Maria meo *Hs*
1 cristenheit *HsM*   3 schoppere *M*, schopper *Hs*   10 sal
beginnen *M*, so gewinnen *Hs*   12 sal die ander rede sin
M, saltu an der rede sů *Hs*   15 iordane *HsM*   16 ver-
stan *Hs*, verstane *M*   19 vmer me *Hs*, ummer mer *M*

Respondet MARIA:

Ich vñ min vil lieber sůn
wollen dinen willen důn.

Tunc vadat ad cenam et dicit ad Ihesum:

Nů rat, min vil lieber sůn,
wie dirre brudegome solle důn,
25 der vns zů ime geladen hat:
wan sin herze in clage stat,
daz er gebresten wines hat.
nů gib ime dinen rat!

25

Respondens IHESUS cantat antiphonam:

Quid mihi et tibi est, mulier?
30 Reines wip vñ mutter min,
waz ruret mich der breste sin?
wan min zit enkommet nit noch.
fullent die cruge bit wazer doch
vñ heizent zů erste schenken an
35 vber dische den hohesten man!

30

*Tunc unus servorum fundens [aquam] in hydrias
et propinans dicat:*

Ihesus, vil lieber meister min,
daz du gebudes, daz sal sin!

ARCHITRICLINUS:

Alles diz lant hat einen siden,
den hastu hie vermiden:

35

<hr>

21. 22 *fehlen M*   22a cenam *Hs,* coenam *M*   24 brudegemer *HsM*   28a cantans *HsM*   A (*mit Strich darüber*) *Hs,* antiphonam *M*   32 enkommet *Hs,* inkommet *M*   35a fundens in ydrias *HsM*   36 leiber *HsM*

40   man git zů erste den besten win:
       so die lude dan druncken sin,
       so ist in zů dem dranke gach.
       nů sezzes dů den beszern nach!   40

Iterum ANGELI:

Silete! silete! silete!

IOHANNES BAPTISTA:

45   Ich bin Iohannes genant
       vñ důn aller der werlete bekant,
       daz godes riche vns nahet:
       daz raden ich daz ir nů gahet
       vñ beszernt vwer leben.   45
50   wollent ir zů gode streben,
       ir sollent vch deufen lazen:
       so bereident ir die straze,
       daz zů vch der heilge Christ
       wil selber gen in korzer frist.   50

Tunc IUDAEI intrant ad Iohannem dicentes:

55   Gent ir zwene dort hin dan
       vñ bident ienen man,
       daz er vns wolle machen kunt,
       wer er si, zů dirre stunt.

Tunc DUO venientes ad Iohannem:

       Vil guder man, wir biden dich,
60   daz dů vns sages werlich,
       ob du sist Elyas!
       liber frůnt, nů sage vns daz!

43a. 44 *nach* V. 54 *HsM*   44 Silete *nur einmal HsM*
48 gahēt *HsM*   50 wollent *Hs*, wellent *M*   55—58
fehlen M

Respondet IOHANNES:

Mit warheit ich vch sagen daz: 55
ich bin nit Elyas.

Iterum NUNTII:

65   So sage vns aber in dirre vrist,
     ob du sist der ware Christ!

Respondens IOHANNES cantat antiphonam 'Qui post
  me venit':

    [Ipse est, qui post me venturus est,
    qui ante me factus est,
    cuius ego non sum dignus,
70   ut solvam eius corrigiam calceamenti.]
      Ir vragent, ob ich si Christ,
    so sprechen ich, daz die warheit ist,   60
    daz ich wol gerne wolte,
    daz ich nach werde solte
75   inknuppen ime die riemelin,
    die vme sine schuhe sin:
    dez bin ich vnwirdig gar,   65
    wan er weset offenbar,
    so nemen ich abe sere,
80   des habe er vmer ere.

    Iterum quærant NUNTII 'Quis es'?

    [Quis es, ut responsum demus his,
    qui miserunt nos?
    quid dicis de teipso?]
      et dicant:
    Sit dů nit Elyas bist
85   noch der ware heilant Christ,   70

    67—70. 81—83 *fehlen HsM*   80 vmer *Hs,* ummer *M*
  80a. 83a Iterum quaerant nuntii quis est dicat (dicant *M*)
HsM

so sage vns wie du sist genant,
daz wir ez vorbaz dun erkant
den, die vns zů dir hant gesant.

Respondet IOHANNES 'Ego vox clamantis':

[Ego vox clamantis in deserto:
90   dirigite viam domini,
sicut dixit Isaias propheta.]
    et dicat:
Ich bin ez eine stimme die do rufet   Bl. 198
vñ in der wůste get: 75
ir sollent bereden godes wege.
95   wer nů mines rades wil plegen,
der sal den dauf inphahen,
wil er zu gode nahen.

    Tunc NUNTII:

Sit wir zů godes riche   80
nahen sicherliche
100   mit dem daufe, so kere her
vñ deufe vns alle zů diser ger!

    Tunc IOHANNES *imponens manus capitibus eorum:*

Ich deufen vch alle gemeine   85
in des namen eine,
der schiere nach mir kommen sal:
105   der saget vch die warheit wol!

    *Tunc Christus veniens ad Iohannem, quo veniente
cantat [*IOHANNES*] responsorium* 'Ecce agnus dei':

[Ecce, agnus dei,
ecce, qui tollit peccatum mundi!]
    Sehent in mit augen an,
von dem ich vor gesprochen han:

---

88 Respondit *M*, rñ *Hs*   89—91 *fehlen HsM*   105b
Iohannes *fehlt HsM*   agnus *M*, magus *Hs*   106. 107
fehlen HsM

110   er ist daz godes lamp vor war,   90
       daz der werlete [sunden] zwar
       vñ allen vnsern schaden
       hat gar vf [sich] geladen!

Tunc CHRISTUS *cantat:*

       Baptiza me, Iohanne!
115   Ile zů hant vñ deufe mich,   95
       so gesegen ich dich!

Prohibens eum IOHANNES *dicit:*

       Herre, dez salt du mich irlan:
       den dauf ich gerne von dir han!

Tunc CHRISTUS: 'Sine modo sic enim':

       [Sine modo: sic enim decet
120   nos implere omnem iustitiam.]
           et dicit:
       La die rede sin, Iohan,
       vñ deufe mich, vil heilger man,
       so wirt alle gerehtekeit   100
       irfullet: daz si dir geseit!

Tunc IOHANNES *imponit manum suam super caput
Ihesu [et] dicat:*

125   Bit welchen worten ez geschit,
       so deufen ich dich in plith
       (wan du ez nit wilt inbern),
       so důn ich ez doch vil vngern!   105

---

111 werlete [sunden] zwar *M*, werlete zwar *Hs*   113 uf
[sich] geladen *M*, vf geladen *Hs*   115 Ile vñ deufe mich
zů hant *HsM*   117 dez *M*, daz *Hs*   119. 120 *fehlen*
HsM   124a et *fehlt HsM*   126 deufen *Hs*, deufe *M*
128 vil *übergeschrieben Hs*

62

Tunc mittatur columba super caput Ihesu et cantet
ter aliqua PERSONA ABSCONDITA *vice patris:*

Hic est filius meus dilectus,
130   [in quo mihi complacui.]

      Et cantent duo ANGELI:

Baptizat minister regem.
      Et unus dicat:
Hie deufet einen herren sin kneth:
daz ist der demudekeide reth.
der heilge geist in leret,
135   sin vatter in auch eret:
der rufet mit ludem schalle,   110
daz er ime wole gevalle.

      *Iterum [*ANGELI:*]*

Sile[te! silete! silete!]

      Post hoc AUGUSTINUS:

Wollent ir nů [mit] zuhten gedagen,
140   so wil man vch nů sagen,
wie des diuels schalkeit
Ihesum in der wůstenheit   115
versuchte in drier hande wis:
des wolt er haben grozen pris.

Tunc ANGELI *cantant responsorium* 'Ductus est
Ihesus in desertum' *usque* 'Si es filius dei' *(quod
accedens diabolus cantat):*

145   [Tunc Iesus ductus est
in desertum a spiritu,

128b voce patris *HsM*   130 *fehlt HsM*   132. 133
kneth : reth *Hs,* knech : rech *M*   137a. 138 Iterum sile
Hs, Iterum : silete *M*   138a aug (*mit Abkürzung für* us)
Hs, secundus angelus *M*   139 nů [mit] zuhten *M,* nů
zuhtē *Hs*   144a canant *M,* cā *Hs*   145—154 *fehlen HsM*

ut tentaretur a diabolo.
et cum ieiunasset
quadraginta diebus
150   et quadraginta noctibus,
postea esuriit.
et accedens tentator dixit ei:

> *DIABOLUS cantat:*
>
> Si filius dei es, dic,
> ut lapides isti panes fiant!]
> > *et dicat:*
>
155   Bist du godes sun alleine,
so sprich, daz dise steine
zu dirre stunt werden brot: 120
so bûzes dû des hungers not!

Respondet IHESUS et cantat: 'Non in solo pane vivit
homo':

> [Non in solo pane vivit homo,
160   sed in omni verbo,
quod procedit de ore dei.]
> > *et dicat:*
>
Die heilge scrift vns daz vorgith,
daz am brode aleine nith
lige des menschen leben,
165   daz ime von gode ist gegeben: 125
sin heil baz an deme stat,
daz von godes munde gat.

*Tunc DIABOLUS ducat Ihesum ad pinnaculum templi
cum angelis suis malis et dicat:*

> Bist du der ware godes sůn,
> sich, so salt du also dûn

154a *fehlt M*   158a Respondet Ihesus: non in solo
pane etc. *M*, rn̄ ihc et c. n̄ ī solo pane v. h. *Hs*   159—161
fehlen HsM   161a et d. *Hs*, es dicit *M*   162. 163 vor-
gith : nith *Hs*, vorgich : nich *M*   163 an *M*, ā *Hs*
167a ad *M*, s (!) ad *Hs*

170 vñ salt dich dohin nider lan: 130
     wan wir von dir gelesen han,
     daz dich zů hant der engel dreit:
     dar vme geschiht dir nummer leit!

    Respondens IHESUS *cantat:* 'Vade, Satanas, non temptabis':

     [Vade, Satana!
175   non tentabis dominum deum tuum!]
        et dicat:
     Verfluchter armer Sathan,
     von disen reden saltu lan: 135
     die heilge schrift daz saget wol,
     daz nieman got versuchen sol!

    Tunc DIABOLUS *apprehendens Ihesum manu ducat [eum] in montem et dicat:*

180 Ich furen dich vf disen hohen berg
     vñ zeugen dir aller der werlete werc:
     habe mich vor got vñ bede mich an,   140
     so salt du ez allez han!

    Respondens IHESUS *cantat antiphonam:* 'Dominum deum tuum adorabis':

     [Dominum deum tuum adorabis
185   et illi soli servies.]
        et dicat:
     Daz ist der heilgen scrifte gebot:
     gleube aleine an einen got

173a Respondens Ihesus *M*, rñdēs ihc c. *Hs*   non temptes etc. *M*, nõ tēp *Hs*   174. 175 *fehlen HsM* 178 dz saget *Hs*, die saget *M*   179 a b ducat in montem *HsM*   181 der *am Rand Hs*   183 salt du *Hs*, saltu *M* 183a canat *M*, c. *Hs*   183b adora *M*, A. *Hs*   184. 185 *fehlen HsM*   186 heilgen *M*, heilge *Hs*   187 aleine *Hs*, alleine *M*

vñ bůt ime dinst alleine,   Bl. 199
so wirt din lon nit cleine!   145

Tunc recedens DIABOLUS dicat:

190 We mir, daz ich [ie] wart!
ich han gevarn eine vbel vart,
sit ich vberwunden bin!
ich hade ez allen minen sin
mit flize dar vf geseczet,   150
195 wie ich hede geleczet
bit hoffart vñ mit frazheit,
daz ich dich hede dar zů beret,
daz dů mich bedes an vor einen got:
dez han ich aller diuel spot!   155

Tunc recedente diabolo accedant ANGELI cantantes:

200 Sanctus, sanctus, sanctus!

*Tunc MARIA MAGDALENA cum una puella et duobus
iuvenibus chorizet dicens:*

Ich bin [ein] vledig iunges wip
vñ dragen einen stolzen lip:
ich wil mit freuden vrolich sin,
zů danzen stet daz gemude min.
205 weme freude ist swere,
daz ist mir gar vnmere!   160

Tunc dicat ad eam MARTHA:

Maria, liebe swester min,
gesteme dem wilden mude din,
gedenke daz vns got hat gegeben
210 in dirre werlet ein krankes leben,   165

---

188 dinst *Hs*, dienst *M*   190 ich [ie] wart *M*, ich wart
Hs   193 ez *Hs*, es *M*   199 dez *M*, dz *Hs*   200b chori-
zet *M*, curizet *Hs*   201 bin vledig iūges *Hs*, bin ein
ledig junges *M*   208 dē *Hs*, den *M*

Hartl, Benediktbeurer Passionsspie[l]   5

in dem wir gedienen sollen
godes riche, ob wir ez wollen.
dar vme wende dinen můt,
daz ist dir an der selen gut!

Respondet MARIA:

215 Swester, swig, la mich gehoren: 170
dů math wol sin ein alte doren,
dů dedest ez auch, werestu als ich:
nu bist du gar vnminnenclich.
dez mustu ez vngerne lan,
220 wan nieman wil bit dir deil han.   175

Tunc recedat Maria.

*Tunc videns IHESUS Petrum et Andream lavantes
retia cantet:* 'Venite post me':

[Venite post me:
et faciam vos fieri piscatores hominum.]
        et dicat:

Peter vñ Andrea, koment
vñ volgen mir: ir sollent
225 stellen nach luden vwer garn
vñ lazent daz vischen varn:
ir sollent der lude vischer wesen,   180
wie sie zů der selen genesen.

Tunc Petrus et Andreas cantent simul: 'Invenimus
Messiam' *etc.*:

[Invenimus Messiam.]

---

212 ez *übergeschrieben Hs*   216 math *Hs,* mach *M*
220 deil] degel *HsM*   221. 222 *fehlen HsM*   223 an-
dreas *HsM*   224 mir ir sollent *M,* ir mir sollent *Hs*
225 stellen *M,* stellēt *Hs*   228a b simul Invenimus
Messiam *Hs,* similiter et Petrus: messiam *M*

et dicat ANDREAS:

230   Peter, wir han bi warheit wol vernommen,
der Messias ist nů kommen,
Christ, von dem die scrift vns saget:
ein selig dag hat vns bedaget!   185

Iterum ANGELI:

Sil[ete, silete, silete!]

*Tunc veniat MARIA MAGDALENA secundo [et] dicat
tripudians:*

235   Wie stolz ist nů min můt,
mich dunket der werlete vreide gut,
wir sollen springen vñ danzen
vñ auch bit den knappen ranzen.
der vns nit gerne sehe vro,   190
240   der můze verbornen als ein stro!

Tunc dicat MARTHA:

Vwe, Maria, wie ist mir so leit,
daz dich din dorheit so verleit
hin abe zů der helle!
ich wene, din geselle,
245   der diuel, git solichen rat,
der diner selen vbel stat!   195

Respondet MARIA:

Martha, liebe swester,
daz dede du mir auch gester:
ich weiz wol daz ist din grostes leit,
250   daz dů nit salt wesen gemeit

---

231 dz messias nů ist *HsM*   234 *nur einmal* sil *Hs,*
silete *M*   234a et *fehlt HsM*   238 bit *Hs,* mit *M*
243. 244 *fehlen M*   248 gestern *HsM*   249 grostes *M,*
groster *Hs*

als ich. nů bistu gris vn̄ alt,   200
der lip ist dir von alter kalt!
nů gang, spinn dinen rocken,
daz dich der diuel zocke!
     Tunc recedit Maria.

    Iterum AUGUSTINUS:

255 Horent mit zohten vorbaz:
man wil vch irzugen daz,   205
wie die Juden sprachen
vn̄ eine frauwen vor vnsern herren brahten.
die was des ane gesprochen,
260 sie hede ir e gebrochen.
sie dadens nit wan vmbe daz,   210
sit sie gein Ihesum drugen haz.
do det er ir helpe irkant,
dez worden die Juden wol geschant.

    *Tunc Iudæis ducentibus mulierem RUFUS dicat
unus:*

265 Magister!
Gib vns[, meister,] dinen rat:
dise frauwe ir e gebrochen hat.   215
Moyses e, nach der wir leben,
hat vns solich gebot gegeben,
270 daz man die huren steine:
der selben ist sie eine!

    Tunc IHESUS inclinans se in terram   Bl. 200
scribat et cantet: 'Si quis sine peccato' *etc.:*

    [Si quis sine peccato est vestrum,
    primus in illam lapidem mittat!]

---

   258 frauwe *HsM*   262 sit] dz *HsM*   263 ir helpe *Hs*,
ir sin helfe *M*   264 dez *M*, dz *Hs*   266 uns [meister]
dinen *M*, vns dinē *Hs*   272. 273 *fehlen HsM*

et dicat:

Wer ane sunde ist vn̄ ane meyn,   220
275   der werfe an dise frauwen einen stein!

    Tunc Iudæi inspicientes scripturam abeant.

Tunc dicat AUGUSTINUS:

Merkent wie disen ist geschen: 225
sie hant Ihesus scrift ane gesehen,
iegelicher [sach] sine missedat:
dar vmme die frauwe ledig stat.

*Tunc IHESUS respiciens mulierem cantet antipho-
nam:*

280   Nemo te condemnavit?

Et tunc respondet MULIER: 'Nemo':

[Nemo, domine!]

Dicat item IHESUS: 'Nec ego te condempno':

[Nec ego te condemnabo:
vade et iam amplius noli peccare!]

    Et tunc dicat IHESUS:

Vrauwe, ist ieman hie der dich versteine?

    [MULIER:]

285   Gnade, lieber herre, nein!

    [IHESUS:]

Vrauwe, auch ich dich nit versteine,
wie ich doch si, der alleine

---

274 meyn *M*, meyne *Hs*   275 frauwe *HsM*   278 iege-
licher [sach] sine *M*, iegelicher sine *Hs*   281. 282. 283
fehlen HsM   284a. 285a *M, fehlt Hs*   287 alleine
M, allein *Hs*

dekeine sunde hat gedan.   230
ganc, du salt vorbaz sunde lan!

Tunc tertio MARIA MAGDALENA *tripudians dicat:*

290 Wir sollen aber vorbaz me
bit freude leben reht als e:
vns kummet des suszen megen zit,   235
die mangen herzen vreude git.

Respondet MARTHA:

Maria, dis schimpes ist zů vil:
295 vns allen nahet des dodes zil,
von dem nieman gewenken mac,
dar nach kummet der jungeste dag:
der danne bit freiden wil erstan,   240
der solte sich dorheit irlan!

Respondet MARIA:

300 Wer ir wil lange walten,
der wirt von gode geschalten.
awe der leiden mere,
die sint mir alzu swere!   245
e ich verlore minen got,
305 ich lite e aller der werlete spot.
nů gib mir, swester, dinen rat:
wie gebuzen ich mine missedat?

Respondet MARTHA:

Maria, swester, kere   250
zů Ihesu, dem vil heren,
310 der ist so milte vñ auch so gůt,
daz er dir trostet wol den mut.

---

288 dekeine *M,* der keine *Hs*   289a tercio *M,* tertia
Hs   291 freude *Hs,* freuden *M*   293 mangem herzen *M,*
māgē herzē *Hs*   297 kummet *Hs,* kumpt *M*   303 die *M,*
der *Hs*   305 lite] liez *HsM*   307a Marta *M,* mar *Hs*

Symon Leprosus dicat ad Ihesum:

Vil lieber meister, ich vlehen dir,　　　　　255
daz du ezen woltes bit mir:
werden ich der bede von dir gewert,
315　daz dunket mich grozes gudes wert.

Respondet Ihesus:

Ich wil dich diner bede gewern:
wan ich, so hedes nit begert!

Cum sederit ad mensam, veniat Martha et dicat:

Swester, ist dir dine sunde leit,　　　　　260
so salt du balde sin bereit,
320　wan ich han wol vernommen,
daz Ihesus in dise stat ist kommen:
der kan dir geben guden rat　　　　　265
vme dine groze missedat:
nů ile balde zů ime hin,
325　daz wirt vor war din gewin!

Dicat Maria Ihesu:

Ihesu, vil lieber herre min,
ich bin eine groze sunderin,
ich han gesundet alzu vil　　　　　270
vber aller rehter maze zil:
330　daz ist mir innencliche leit.
erzeuge mir din barmherzekeit
oder ich bin vmer me verlorn:　　　　　275
vwe daz ich ie wart geborn!
ich han grozer sunden vil gedan:
335　owe hede ich sie verlan,
so wer mir vil desto baz.
ach, Ihesu, aller dogende ein vaz,

---

314 werdē *Hs*, werde *M*　　316 Ich dich diner bede
wil *HsM*　　318 dir *übergeschrieben Hs*　　322 geben *M*,
gegeben *Hs*　　324 balde *M*, halde *Hs*

dů mir dine helfe schin 280
vñ lihtege mir mines herzen pin,
340 so wil ich vmer sunde lan
vñ wil in dinre lere bestan.

Hic cantet ANGELUS ter: 'Silete':

[Silete, silete, silete!]

Tunc IHESUS cantat versum: 'Dimissa sunt':

[Dimissa sunt peccata tua!]
    et dicat:
Alle dine sunde sin dir vergeben:
345 bezzer vorbaz din leben, 285
wan dine minne ist also groz,
daz ich noch nie vant din genoz!

*Tunc surget Maria et fundat unguentum super
caput eius.*

Tunc IUDAS dicat:

War vmme ist dise salbe verlorn?
ez wer bezer, ez were verborn!
350 man mohte sie verkaufet han 290
vme druhundert penninge sunder wan,
do bide man mangem armman
mohte vil wole han gedan.

Tunc respondet IHESUS:

Ir hant armer lude vil
355 beide nů vñ alle zil, 295
den dunt ir gut, wan ir wollent:
vil schiere ir mich verliesen sollent!

---

341 dinre *Hs*, diner *M* 342 *fehlt HsM* 342a cantat
Hs, cantet *M* 343 *fehlt HsM* 344 sin *Hs*, sint *M*
347a Maria fundat vngentum (unguentum *M*) *HsM*
347c Judas *M*, iudeus *Hs* 356 sollent (w *über* s *über-
geschrieben*) *Hs*

et cantet:

'Mittet hæc mulier, fides enim':
[Mittens enim hæc
unguentum hoc in corpus meum
360 ad sepeliendum me fecit.
   Fides tua te salvam fecit:
vade in pace!]

     Respondet Mariæ: Bl. 201

Wûzent, daz des wibes glaube groz
sie hat gemaht von sunden bloz.
365 Maria, dû salt han auch minen sein   300
vñ gang in din hus wider heim!

     Respondet MARIA:

Der unverscheiden driueldekeit
si vmer gnade vñ ere geseit!

     Dicat SYMON:

Meister, gnade sagen ich dir,
370 daz du gezen hast bit mir!   305

     Respondet IHESUS:

Symon, danken ich dir sol,
daz du mirs hast geboden wol!

     [ANGELI:] 'Sil'.
[Silete! silete! silete!]

     AUGUSTINUS:

Swigent mit zuhten an dirre stunt,
375 so wollen wir vch machen kunt

357a Et cantet mittet hec mulier vel amē dico-fides et
(et *fehlt M*) enim etc. *HsM*   358—362 *fehlen HsM*
362a Mariae *M*, Maria *Hs*   364 hat sie *HsM*   372a An-
geli *fehlt HsM*   373 *fehlt HsM*

ein zeichen daz selten ist geschen: 310
Ihesus machet einen blinden gesehen!
der selbe blinde geborn wart:
daz geschach von gotlicher art.

Tunc incipiat CAECUS *[et] dicat:*

380 Wer wil sich hûde irbarmen   315
vber einen blinden armen,
der nie gesach den lihten dag?
do von ich wol sprechen mag:
blint man arm ist vor war
385 beide stille v̄n offenbar!

Tunc PETRUS *ad Christum:* 'Rabbi, quis':

[Rabbi, quis peccavit,
hic, aut parentes eius,
ut cæcus nasceretur?
        et dicat:]
Meister, wie ist diz geschehen,   320
390 daz dirre man nit sal gesehen?
weder ist sin vatter schuldig dar an,
oder hat er selbe missedan?

Respondet IHESUS: 'Neque hic neque':

[Neque hic peccavit
neque parentes eius,
395 sed ut manifestentur
opera dei in illo.]
        [et dicat:]
Wûzent daz des vatter dat   325
an ime keine schulde hat:

379a cecus dicat *HsM*   384 blint man arm *Hs*, blint-
man armman *M*   385a quis *Hs*, quid *M*   386—388a
fehlen HsM   392a neque hic neque *Hs*, neque hic etc. *M*
393—396a *fehlen HsM*   397 Wûzēt *Hs*, Wûzet *M*

so hat er auch nit gedan,
400 dar vmme er solle zů buze stan.
ez geschach dar vmme sunder,
daz got an ime schůfe wunder!

Tunc IHESUS *exspuens in terram et luto facto et*
posito super oculos eius dicat:
    Nů ganc inweg zů dirre stunt: 330
    wasche daz abe vn̄ wis gesunt!
       Qui lavans se dicat:
405 Groz wunder ist mir geschehen,
wan ich bin worden gesehen,
swie ich worde geborn blint,
als ir wole wůzende sint!

Tunc dicat unus IUDAEUS *ad Iudæos circumstantes:*
    Wenent ir, ob dirre si daz kint,   335
410 daz do wart geborn blint,
ader ist er ein ander man?
do zů sprechent vwern wan!

      Respondet Pharisæus SALMAN:
    Ich gehen dir die warheit: 340
    ez ist der selbe vf minen eyt!

     ALTER:
415 Meier, ez ist ein ander ieme glich:
dar vor han ich ez sicherlich!

      Respondet CAECUS:
    Do darf nieman zwiueln an,
    wan ich binz der selbe man.   345

    402b dicens *HsM*   408 wůzende *Hs*, wůzente *M*
411 ader *am Rand für gestrichenes ah, nach* ist *durch-*
gestrichenes alle *und daneben* er *übergeschrieben Hs*   ein *M*,
einē *Hs*   412 sprechent *Hs*, sprechend *M*   418 binz
Hs, bin *M*

Tunc Pʜᴀʀɪsᴀᴇᴜs *intrat:*

So salt dů selbe nů veriehen,
420 wie dů worden sist gesehen!

    Cᴀᴇᴄᴜs *cantat:* 'Ille homo qui Ihesus dicitur':

[Ille homo, qui dicitur Ihesus,
lutum fecit et unxit oculos meos
et dixit mihi:
vade ad natatoria Siloe et lava.
425 et abii et lavi et video.]
    et dicat:
Der mensche der Ihesus ist genant,
der leite mir bit siner hant
die speicholter vf die augen min: 350
do von wart mir gnade schin,
430 daz ich gesehen den claren dag,
der mir vor gar verborgen lag!

    Item Sᴀʟᴍᴀɴ *Pharisæus apprehendens eum dicat:*

Dů rehter drugener, wol dan!
dů můst vɔr vnsern meister gan!   355
    Quo cum perduxerit eum, dicat:
Dirre man hat vns veriehen,
435 Ihesus habe in gemachet gesehen,
vñ er doch were geborn blint:
die rede wunderliche sint!

    Tunc surgat Cᴀʏᴘʜᴀs *et dicat ad eum:*

Were dů blint vñ bist worden gesehen?   360
sage wie ist dir geschehen?

421—425 *fehlen HsM*   428 speicholter, i *übergeschrie-*
ben Hs   431a et dicat *HsM*   433a q⁰ cū q (*Strich*
oben) *Hs,* Quando *M*   435 gemachet *M,* machet *Hs*
437a Tunc surgat caypas dicat ad eum *Hs,* Tunc dicat
Cayphas ad eum *M*

Respondens CAECUS *cantet:* 'Ille homo' (*ut supra*):

440 [Ille homo, qui dicitur Ihesus,
lutum fecit et unxit oculos meos
et dixit mihi:
vade ad natatoria Siloe et lava.
et abii et lavi et video.]
  et dicat: 'Der mensche' (*ut prius*):
445 [Der mensche der Ihesus ist genant,
der leite mir bit siner hant
die speicholter vf die augen min:
do von wart mir gnade schin,
daz ich gesehen den claren dag,
450 der mir vor gar verborgen lag!]

  Iterum CAYPHAS *dicat:*

Der mensche ist nit von gode,
der wider godes gebode
dir nach diner sage
half an eime vierdage!   365

  Respondet alter MEIER *Iudæus:*

455 So zwiueln ich dar an sunder,
dut ein sunder solich wunder!

  Tunc ANNAS *ad Cæcum dicat:*

Waz wilt du aber von deme iehen,
der dich gemachte sehen?

  Respondens CAECUS: Bl. 202

Er ist ein prophete vor war: 370
460 dar vor han ich in offenbar.

440—444 *fehlen* HsM   444a vt pus Hs, etc. M
445—450 *fehlen* HsM   453 dir M, der dir Hs   454 eime
vier dage Hs, einem fierdage M   458 gemachet M,
gemache Hs

Item ANNAS ad servum suum:

Ich gleuben der rede nit,
die dirre von ime selber git!
rufe sime vatter her zů stunt:
der dut vns die warheit kont!   375

SERVUS clamat:

465   Samuel, kom her zů hant!
vnser herre hat nach dir gesant,
daz dů im selber salt veriehen,
wie din sun si worden gesehen.

Quo veniente dicat CAYPHAS:

Sage vns vor war: ist dirre din kint,   380
470   von dem dů sprichest, er were blint?   381

Respondens SAMUEL:

Ich weiz wol, er ist min kint: 384
daz wart geborn also blint.   385
wie aber ime si geschehen,
daz er worden ist gesehen,
475   der vrage er selbe antworten sol,
wan er hat daz alter wol.

Iterum AUGUSTINUS:

Wuszent daz dorch anders nit   390
dirre man zwiueliche gith,
wanne dorch der grozen vohte not,
480   die ime der Iuden drauwen gebot:
er hede sie ez wol bescheiden baz,
wan daz sie Christo drugen haz.   395

---

463 sime *Hs*, sinem *M*   470 worde *HsM*   *Nach* 470 *folgen* 473. 474 (*die an richtiger Stelle wiederholt sind*), *darnach die gestrichenen Verse* 475. 476   475 antworten *M*, antwerten *Hs*

Iterum ANNAS dicat ad Cæcum:

Gib gode lob vñ ere
hude vñ vmer mere,
485   daz du gesehen worden bist:
wir wûzen daz Ihesus ein sunder ist!   400

Respondet CAECUS:

Ich inweiz ob Ihesus ein sunder ist:
einez weiz ich wol in dirre frist,
daz ich bit vohten verswigen sol:
490   ich was e blint vñ gesehen nû wol!

Iterum ANNAS:

Nû sage vns (daz ist vnser gir),
wie er habe gedan dir!   405

Respondet CAECUS:

Ich han vch ez gesaget e:
war nach vraget ir mich me?
495   wollent ir it vf der erden
sine iungern werden?

Respondet ANNAS:

Sprichstu, dû sist sin vnderdan,   410
so wollen wir Moyses lere han,
bit dem got selbe geredet hat:
500   so enwussen wir nit wannen dirre gat!

Respondens CAECUS cantet: 'A sæculo non est' *etc.:*

[A sæculo non est auditum,
quia quis aperuit oculos cæci nati.
nisi esset hic a deo,
non poterat facere quidquam.]

492a rñdt *Hs*, Respondens *M*   497 Sprich *HsM*
501—504 *fehlen HsM*

et dicat:

505 Daz ist ein wunder vffenbar,
daz ir nit wuzen konnent vor war,   415
wannen er si bekommen,
der mir hat abe genommen
mine anegeborne blintheit.
510 ich weiz auch wol bit warheit,
daz got nit horet die sunder: 420
so sint auch daz gar vromde mer,
daz ein blinde wart gesehen.
daz wunder ist nit me geschehen!
515 die craft er můz von gode han
mit der er hat daz wunder gedan!   425

Respondet ANNAS:

Puch, dů můst sin verlorn,
wan du bist in godes zorn
vñ wilt vns doch alle leren:
520 des můst dů von vns keren
vñ wis von vns geschalten,   430
wilt dů din leben behalten!

Quo recedente dicat IHESUS:

Du salt gleuben an godes sun!

Respondet CAECUS:

Wer ist er, herre? daz wil ich důn!

Iterum IHESUS:

525 Ihesus, daz bin ich, des gleube mir,
wan er kallet selbe zů dir!   435

---

505 uffenbar *M*, vffenbare *Hs*   509 anegeborne, eb
übergeschrieben Hs   518 godes *aus* bodes *verb. Hs*
522a. 542a. 548a dicit *M*, d. *Hs*   523 gleuben *Hs*,
glauben *M*

Tunc CAECUS *procidens ad pedes Ihesu dicat:*

Herre, ich gleuben willecliche,
daz dů bist von himelriche,
vnser herre, godes kint,
530 dem alle engel dinstber sint.   440
dů mohtes anders nit han
so groz wunder an mir gedan!

Iterum AUGUSTINUS:

Wollent ir nů gestillen,
so wolten wir doch bit willen
535 sagen vñ kunt důn,   445
wie Ihesus, der megde sůn,
Lazarum, den guden man
det von dem dode vf stan,
der stankes in dem grabe plag,
540 wan er vier dage dinne lac: 450
do mide irwarb er vorbaz
vf sich der vbeln Juden haz.

LAZARUS *dicat ad Mariam:*

Hore, Maria, dorch dine zoth:
ich wene wol ich habe die su¹t,
545 von der ich liden groze not.   Bl. 203
ich vohte ez si der grimme dot!   455
idoch wer ich gar wol gesunt,
wer Ihesus hie zů dirre stunt!

Tunc MARTHA *dicat ad Servum:*

Gemelin, vil lieber kneth,
550 dů min gebot, so dust dů reth:

532a angelus *M,* ang *oder* aug *mit Abkürzung für*
us *Hs*   533 wollent *Hs,* Wellent *M*   543 zoth *Hs,*
zuht *M*   549. 550 kneth: reth *Hs,* knech: rech *M*

sage Ihesu, dem meister min,   460
daz Lazarus, der vront sin,
von suhten lide groze pin.

Respondens SERVUS:

Vil liebe frauwe, so mir got,
555 vil gerne ich leisten vwer gebot.

Tunc SERVUS *veniat ad Ihesum [et] dicat:*

Maria vn̄ Martha dunt dir kunt,   465
daz Lazarus si vngesunt.

Respondens IHESUS *dicat:*

Der sichedage bringet nit den dot,
doch wirt do von gelobet got!

Tunc Lazarus fingat se mortuum [et] dicat
MARTHA:

560 Vwe der iemerlichen not!
mir ist min lieber bruder dot: 470
daz clagen ich hude vn̄ vmer me!
owe, mir důt sin dot gar we!
we mir, ich bin ein armez wip!
565 er was mir lieber dan min lip!

Item MARIA:

Owe vil lieber bruder min,   475
sal ich vorbaz eine sin,
daz dut mir hude vn̄ vmer we!
mir geschach nie so leide me!

Tunc IHESUS *ad discipulos cantet:* 'Lazarus, ami-
cus noster':

570 [Lazarus, amicus noster, dormit,
sed vado, ut a somno excitem eum.]

---

553 suhten *Hs*, suhte *M* 555a Ihesum dicens *M*,
ihm d. *Hs* 559a et *fehlt HsM* 569a cantet *Hs*,
cantat *M* 570. 571 *fehlen HsM*

Ich sagen vch an dirre vrist,
daz Lazarus dot ist.   480
nů wol of, gen wir do hin
575 mit ein ander vn̄ wecken in!

Item PETRUS:

Die wisen arzede alle lesen,
daz der siche si genesen,   485
so er slafen moge wol:
nieman den sichen wecken sal.

Respondet IHESUS:

580 Ir sollent wůszen offenbar:
Lazarus ist dot vor war.
nů wol of vn̄ gen wir dar!

Quo veniente MARTHA *cantat:* 'Domine, si fuisses
  hic':

[Domine, si fuisses hic,
frater meus non fuisset mortuus.
585 sed et nunc scio,
quia quæcumque poposceris a deo.
dabit tibi deus.]
  Herre, weres dů gewesen hie,   490
so were min bruder dot noch nie,
590 doch dut got waz du noch wilt:
ich gleube daz ez in nit bevilt.

Respondet IHESUS:

Du salt wizzen ane wan,
daz din bruder solle irstan!   495

Respondet MARTHA:

Ich weiz wol daz er dan irstat,
595 so die werlet ein ende hat.

---

572 an *aus* hie *verb. Hs*   575a Petrus] Maria *HsM*
582a canat *M,* c. *Hs*   583—587 *fehlen HsM*   592 wizzen]
wesen *HsM*

Respondet IHESUS:

Ich bin die vfirstende vn̄ daz leben:
swer daz geleubet, dem wirt gegeben,
daz er die helle nummer gesith.
gleubes du des oder nith?

500

Respondet MARTHA:

600 Ich geleuben daz du bist
godes sun vn̄ heilger Christ,
der in dise werlet ist komen,
mir vn̄ vns allen zů grozen frommen!

505

Tunc exspectante Ihesu MARTHA *vadat ad Mariam
et dicat:*

Vil liebe swester, gleube mir,
605 din meister ist kommen vn̄ rufet dir!

Quo audito MARIA *vadat ad Ihesum et procidens ad
pedes eius cantet antiphonam:* 'Domine, si fuisses'
(ut supra):

[Domine, si fuisses hic,
frater meus non fuisset mortuus.]

IHESUS *turbatus dicat:*
Wo ist er begraben? daz sagent mir!

Respondet MARIA:
Herre, kom dan, wir zeugens dir!

510

Tunc dicat MALCHUS:
610 Horent, ir Juden alle,
wie vch min rat gevalle:

---

597 geleubet *M*, gelebet *Hs*　　　598. 599 gesith: nith
Hs, gesich: nich *M*　　　599 gleube *HsM*　　　603 zů *Hs*,
ze *M*　　　605a Maria *M*, marta *Hs*　　　605b cantet *Hs*,
canat *M*　　　606. 607 *fehlen HsM*

der einen blinden machet gesehen,
wie mohte dem daz leit ie geschehen,
daz sin lieber front irsturbe,   515
615 die wil ez ime so groz leit irworbe?

    Tunc dicat IHESUS:
Grifent an, hebent vf den stein zů stunt!

    Respondet MARTHA:
Nein, herre, er stinket als ein hunt,
wan ez ist hude der virde dag,
daz er in dem grabe lag!   520

    Respondet IHESUS:
620 Gleubest du der rede min,
godes gnade wirt dir wole schin!
      Tollatur lapis.

    Deinde dicat IHESUS:
Ich sagen dir, vatter, gnaden vil,
daz dů mich horest alle zil!
daz rede ich daz nů werde irkant,   525
625 daz dů mich selbe hast gesant!

    Deinde cantet IHESUS:
Lazare, veni foras!
    et dicat:
Vil lieber vront min, Lazare,   Bl. 204
sta vf vñ lebe also e!
    Tunc surgat Lazarus.

    Post hoc dicat IHESUS:
Grifent in an bit handen,
630 losent in von sinen banden!   530

616a Marta *M*, m *mit hochgestelltem* a *Hs*   620 Gleu-
best *Hs*, Glaubest *M*   625a cantet *Hs*, cantat *M*   628 stant
HsM   lebe *M*, labe *Hs*   629 Grifēt *Hs*, Grifet *M*

Tunc apostoli absolvant eum avertentes facies suas propter fœtorem.

Deinde cantat MALCHUS ad Iudæos [et] dicat:

Horent, ir herren, wunder groz!
Lazarus was vnser genoz:
den sach ich sicherlichen dot.
der selbe, als ime Ihesus gebot,
635 erstunt an dem vierden dage!   535
bit warheit ich daz sage!
daz bringet die werlet gar in den sin,
daz sie gleubent alle an in!
die rede bedrahten in korzer frist:
640 sie gleubent alle daz er si Christ!   540

Iterum [ANGELI]: 'Sil.':
[Silete! silete! silete!]

AUGUSTINUS:

Nû horent, vrauwen vñ man,
ez wil nû an den ernest gan:
die Juden gent zû rade,
645 wie sie nû vil gedrade
Ihesum geben in den dot.   545
ein christenmensche bedrahte die not,
die durch vns hat geliden got!

Et cantat ANGELUS: 'Collegerunt':
[Collegerunt ergo pontifices et Pharisæi
650 concilium et dicebant.]

Quo finito ANNAS cantet: 'Quid facimus' *etc.:*
[Quid facimus, quia hic homo
multa signa facit?

630c et *fehlt HsM*   632 was *Hs*, waz *M*   639 bedrahtē *Hs*, bedrachtent *M*   640a angeli *fehlt HsM* 641 *fehlt HsM*   648a Et cā *Hs*, Canat *M*   colligerunt *HsM*   649. 650 *fehlen HsM*   651—656 *fehlen HsM*

si dimittimus eum sic,
omnes credent in eum
655 et venient Romani
et tollent nostrum locum et gentem.
    et dicat:]
Radent, ir herren, wie sollen wir důn?
ir sehent wol, Marien sůn
důt groze zeichen also vil: 550
660 beiden wir it langer zil,
daz volg gleubet an in gar.
werdent die Romer daz gewar,
sie verdribent vns von dem land:
do von werden wir geschant!   555

    Respondens CAYPHAS *cantet:* 'Expedit nobis':

665 [Expedit nobis, ut unus moriatur homo
pro populo, et non tota gens pereat.]
    [et] dicat:
Iir herren, horent minen rat,
daz beide nůz vn̄ warheit hat:
ez ist weger, einer sterbe
670 dan alle die werlet verderbe!

    Respondet MALCHUS:

Herre bischof, ir hant wisen můt: 560
der rat dunket mich vil gůt.
    Post hoc ascendat [Ihesus] asinum.

    Quo veniente occurrant PUERI *cum palmis
cantando:* 'Osanna, benedictus':

[Hosanna, benedictus,
qui venit in nomine domini,
675 rex Israel!]

656a *fehlt HsM*   664 werden *zweimal Hs*   geschant
M, gesant *Hs*   666a et *fehlt HsM*   672 Ihesus
fehlt HsM   673—675 *fehlen HsM*

(et prosternant vestimenta sua. Item: 'Gloria,
laus' *etc.*:)

[Gloria, laus et honor tibi sit,
rex Christe, redemptor!]
   et dicant:
Ihesus, du wunderere,
wir sagen dir lob vñ ere:
680 dů maht der Juden kunig sin wol,
der Israel irlosen sol!   565
vns ist die warheit wol irkant,
daz dich got selbe hat her gesant:
dů bist der werlete heilant!

      Respondet PETRUS:

685 Meister, sage vns, wo wilt du,   570
daz wir dir bereiden nů
daz osterlamp nach der Juden side:
die gewanheit were [nit] gůt vermiden!

      Respondet IHESUS:

Ir sollent min gebot nit lan:
690 ir sollent zů Ierusalem nů gan,
do vindent ir einen ein crugelin dragen   575
bit wazzer. dem sollent ir sagen:
der meister wil dise osterzit
bi dir sin ane nit:
695 so wiset er vch einen reuender wit.
     Post hoc Petrus et Iohannes vadant.

  Euntibus occurrat homo cum amphora, cui PETRUS:

Der meister hat dir heizen sagen,   580
daz er wolle in disen dagen

---

   676. 677 *fehlen HsM*   688 nit *M, fehlt Hs*   695a Post
hoc petrus vadat *HsM*

daz osterlamb bi dir zeren:
des salt du [in] nit weren.
700 ovge vns ein hus, daz wir sin beiden
vñ do wir ime die spise bereiden. 585

     Respondet VIR:

Ir herren, die rede ist mir nit leit:
ich wil ez vmer sin gemeit,
dan ich wil vch schauwen lan
705 ein hus, do er gemach sal han.
      (et ducens eos ad locum dicat:)
Hie schaffent vwern willen wol: 590
dar zů ich vch helfen sal!
  *Tunc illis parantibus mensam Ihesus veniat cum
aliis discipulis et sedeant.*

     Iterum [ANGELUS:] 'Silete':

[Silete! silete! silete!]

    AUGUSTINUS:

Man wil begen nů vorbaz, Bl. 205
710 wie Ihesus als hude zů dische saz
bit den lieben iungern sin,
daz er segente brot vñ auch den win, 595
als es von gotlicher art
in sinen lip vñ sin blut verwandelt wart,
715 als in der menscheide noch geschith.
er wůsch auch zů der selben plith
der iungern vůze bit siner hant: 600
do bide det er vns irkant,
daz wir demůt sollen plegen,
720 wollen wir daz ewige leben.

---

699 saltu [in] nit *M*, salt du nit *Hs*   707 sa] *HsM*,
sol *M*   707 c angelus *fehlt HsM*   708 *fehlt HsM*
710 iho hude *HsM*   711 b t *Hs*, bis *M*   715. 716 ge-
schith : plith *Hs*, geschich : plich *M*   716 wůshc *HsM*

des selben dages er sang
sin erste messe (des habe er dang!).   605
prister vñ ander heilikeit
sat er der heilgen christenheit:
725 daz wirt vch hude vor gesaget,
ist daz ir bit zûhten gedaget!

Tunc IHESUS dicat:

Ich [han] bit ganzem willen begeret,   610
dez ich nû bin geweret,
ich meine daz ich geseze
730 bit daz ich bit vch geze
daz osterlamp. doch weiz ich wol
daz vwer einer mich verraden sol: 615
we ime, daz er ie wart geborn,
wan er ist vmer me verlorn!   617

Respondeant omnes per ordinem, primo PETRUS:

735 Ihesus, vil lieber meister min,   618
sage mir: sal ich ez sin?   619

Tunc IOHANNES *inclinans caput ad pectus Ihesu
dicat:*

Sage mir, lieber herre min,   622
wer der vorreder moge sin!   623

Ultimo quærenti Iudæ respondet IHESUS:

Ich sagen dir ez vffenbar: 620
740 dû hast ez geraden, ez ist war.

Tunc IHESUS *dicat ad discipulos:*

Welhem ich gebe daz gemerte brot,   624
der selbe verkaufet mich in den dot!   625
    Cum aliis det panem, det Iudæ offam.

---

722 dez *M*, dz *Hs*   726 gedaget *M*, gedagēt *Hs*
727 Ich [han] bit *M*, Ich bit *Hs*   wille *HsM*   728 dez
M, dz *Hs*   730 bit dz *Hs*, daz *M*   738a—740 *nach* 736
HsM   740a Respondet Ihesus *HsM*

Tunc IHESUS *accipiens panem cantet:* 'Hoc est corpus':

[Hoc est corpus meum,
quod pro vobis datur:
745 hoc facite in meam commemorationem!]
    (et dans eis dicat:)
Daz ist min lip, der nů wirt gegeben
in den dot dorch vwer leben.
    (similiter calicem, [et] dicat:)
Drinkent alle: diz ist min blut,
daz ist vor vwer sunde gut!
750 ir dunt minen dot do bide irkant,   630
swo ir daz ammet hie nach begant.

Post hoc IUDAS *vadat ad Iudæos dicens:*

Waz wollent ir mir zů gude důn,
ich geben vch Ihesum, Marien sůn?

Respondet CAYPHAS:

Als werlich můze ich leben,
755 wir wollen dir drizig pennige geben.   635

Respondet IUDAS:

Er ist werliche wolveil,
doch geben ich in vch an vr seil!
    Quo dicto recedat ad Christum.

Post hoc IHESUS *cantet:* 'Mandatum novum':

[Mandatum novum do vobis,
ut diligatis invicem,

742b cantans *HsM*   742c corpus *Hs*, corpus etc. *M*
747a et *fehlt HsM*   748 drinkēt *Hs*, Drinket *M*   750 do
bideirkant *Hs*, do bekant *M*   755 drizig *Hs*, drizzig *M*
pēnige *Hs*, penninge *M*   757a recedat *M*, recedant *Hs*
757b nouum *Hs*, novum etc. *M*   758—761 *fehlen HsM*

760 sicut dilexi vos,
ut et vos diligatis invicem.]
  et dicat:
Ich wil vch geben ein nuwe gebot,
daz ir nit brechent dorch keine not:
ir sollent ein ander lieb han,   640
765 rehte als ich vch han gedan.

*Tunc præcingens se linteo et apprehensa pelvi cum
aqua lavet pedes singulorum, et cum pervenerit ad
Petrum, cantet PETRUS:* 'Non lavabis':

[Non lavabis mihi pedes
in æternum!]
  et dicat:
Herre meister, ez sal nit sin,
daz dû waschest die vûze min!

Respondet IHESUS [et] cantet: 'Si non lavero tibi':

770 [Si non lavero te,
non habebis partem mecum.]
  et dicat:
Lezest du dir die vûze nit
waschen hie zû dirre zit,   645
so inhast du sicherlich
775 kein deil an mime rich!

Respondet PETRUS [et] cantet: 'Domine, non tan-
tum pe[des]':

[Domine, non tantum pedes meos,
sed et manus et caput.]

765a et *nach* linteo *übergeschrieben Hs*   766. 767
fehlen HsM   769a Ihesus cantet *Hs*, Ihesus cantans *M*
tibi *Hs*, tibi etc. *M*   770. 771 *fehlen HsM*   775a pe-
trus cantet *Hs*, Petrus cantans *M*   775b pe *Hs*, pedes
etc. *M*   776. 777 *fehlen HsM*

et dicat:
Herre, die rede sal nit sin:
wasche nit alleine die vůze min,
780   wasche mir daz heubet vn̄ auch die hant,   650
e ich so dure worde gepant!
    Post lotionem resedeant.

IHESUS cantet: 'Scitis, quid fecerim?'
[Scitis, quid fecerim vobis?]
    [et dicat:]
Ir sprechent meister vn̄ herre zů mir: Bl. 206
dar an nit vbel redet ir.
785   sit ich vwer vůze gewaschen han,
daz han ich dar vme gedan,   655
daz ir nit vorbaz sallent lan,
ir wesent ein ander vnderdan:
diz zeichen sollent ir von mir han.

Postea IHESUS: 'Scriptum est enim':

790   [Scriptum est enim:
percutiam pastorem,
et dispergentur oves gregis.
postquam autem resurrexero,
præcedam vos in Galilæam.]
    [et dicat:]
795   Ir werdent alle [in] dirre nath
von mir flihende bit math,   660
wan ir hant gehoret wol sagen,
so der hirte wirt geslagen,
so werdent die schefelin veriaget.
800   doch si vch vor gesaget:

781b Ihesus cantat] cā *Hs,* cantat *M*   fecerim *Hs,*
fecerim [dicat Ihesus] *M*   782a *fehlt HsM*   787 sallent
Hs, sollent *M*   789a Post *M,* p°t *Hs*   790—794
fehlen HsM   795 alle dirre *HsM*   795. 796 nath:
math *Hs,* nach: mach *M*   796 flihende *Hs,* fliehende *M*

ich [werde] zů Galilea vor vch gen,   665
so ich von dem dode ersten.

Respondet *PETRUS:*

Solt ich den dot dat vmme liden,
meister, so wil ich vermiden,
805   daz ich din verleukene nit,
waz mir dar vmme geschit!   670

Respondet *IHESUS Petro:*

Peter, du salt sicher sin,
daz dů dristunt verleukenst min,
e der hane zů mitternath
810   hat gecrewet als sin gewanheit stat!

Item *IHESUS:*

Wer vnder vch nit habe ein swert,   675
der sal verkaufen balde sin wert,
sinen rog oder ander pant,
vñ sal keufen ein swert zůhant!

Respondet *BARTHOLOMAEUS ostendens duos gladios [et] dicat:*

815   Hie sint zwei swert, lug!

IHESUS respondet:

So wol, wir han ir gnug!   680
Tunc Ihesus vadat ad montem Oliveti.

Interim IUDAS vadat ad Iudæos [et] dicat (ut supra):

Waz wollent ir mir zů gude důn,
ich verkeufen vch Ihesum, Marien sůn?

---

801 ich zů *Hs,* ich [sal] zů *M*   806a R ihc p *Hs,*
Iterum Ihesus *M*   809 mitternath *Hs,* mitternat *M*
810a *fehlt M*   814a b gladios d *Hs,* gladios dicens *M*
815 lug *Hs,* luge *M*   816 gnuge *HsM*   816b Judeos
dicat *HsM*

Iuda et Iudæis præparantibus se IHESUS *dicat ad Petrum, Iacobum et Iohannem:*

Gent ir dri bit mir dan:
320   die andern sollent hie bestan!

Tunc dicat IHESUS *cantando:* 'Tristis est':

[Tristis est anima mea
usque ad mortem:
sustinete hic et vigilate mecum!]
    et dicat:
Ir dri, ich clagen vch mine not: 685
325   mine sele ist drurig biz an den dot.
nů sollent ir beden vñ wachen,
wollent ir dem diuel widersachen.

Iterum IHESUS *cantet:* 'Pater, si possibile est, trans[eat]':

[Pater mi, si possibile est,
transeat a me calix iste:
330   verumtamen non sicut ego volo,
sed sicut tu!]
    et dicat:
Herre vatter vñ got,   690
ist ez nit wider din gebot,
so vberhebe mich dirre pin!
335   yedoch irge der wille din:
des wil ich gehorsam sin!

Tunc veniat ad discipulos et inveniat eos dormientes [et] *cantet:* 'Una hora':

[Sic non potuistis una hora
vigilare mecum?]

---

818 b iacobum et *Hs*, Jacobum *M*   820 a est *Hs*, est
etc. *M*   821—823 *fehlen HsM*   827 b transeat *M*,
trans *Hs*   828—831 *fehlen HsM*   836 b dormientes
cantet *HsM*   837. 838 *fehlen HsM*

et dicat:

Mohtent ir nit wachen eine stunt
840 bit mir? nů sprach doch vwer munt,   695
ir wollent liden dorch mich not,
ob ez wer der grimme dot!
nů slafent ir vil suze,
so hat Iudas vnmůze,
845 wie er mich gebe der judesheit.   700
nů slafent: mir nahet min arbeit!

Deinde vadat ad priorem locum orans: 'Pater' etc.:

[Pater mi, si non potest
hic calix transire,
nisi bibam illum,
850 fiat voluntas tua!]

et dicat (ut prius): 'Herre vatter' etc.:

[Herre vatter vñ got,
ist ez nit wider din gebot,
so vberhebe mich dirre pin!
yedoch irge der wille din:
855 des wil ich gehorsam sin!]

Tunc IUDAS ad cohortem sibi traditam cantet: 'Quem osculatus fuero' etc.:

[Quemcumque osculatus fuero,
ipse est, tenete eum et deducite caute!]

et dicat:

Nů horent mich, ir stolzen knaben:
den [ich] kussen, den sullent ir haben,
860 vñ vůrent in sicherliche,
daz er vch it intwiche!   705

846a orans *M*, orans et *Hs*   847—850 *fehlen HsM*
851—855 *fehlen HsM*   855a cohortem *M*, choortẽ *Hs*
856. 857 *fehlen HsM*   859 den [ich] kussen *M*, den
kussen *Hs*

Et IUDAS veniat ad Christum:

Ave, ave, rabbi!
 [et dicat]:
Meister vñ herre, got gruze dich!
bût mir dinen munt vñ kusse mich!

 Quo osculato dicat IHESUS ad Iudæos:

865 Wen suchent ir Juden zů dirre stunt?

 Respondent IUDAEI:

Wir suchen Ihesum: daz si dir kunt!

 Respondens IHESUS:

Suchent ir Ihesum? daz bin ich!   Bl. 207   710
ir hant in vunden sicherlich!
 Tunc omnes cadent in terram.

Tunc Iudæus RUFUS surgat dicens:

Sehent, wie ist vns geschehen?
870 ich mûz bit ganzer warheide iehen:
wir vallen als wir drunken sin!
wol of! ez ist schande daz wir hie lin!   715

Iterum IHESUS ad eos: 'Wen suchent ir' *(ut
supra):*

[Wen suchent ir Juden zů dirre stunt?]

 Respondent (ut prius):

[Wir suchen Ihesum: daz si dir kunt!]

 IHESUS:

875 Ich sagen vch rehte alse e:
ir dorfent mich nit suchen me!

861a et *Hs,* Tunc *M*   862a *fehlt HsM*   873 *fehlt*
HsM   874 *fehlt HsM*
Hartl, Benediktbeurer Passionsspiel   7

wollent ir mich gevangen han,
so lazent mine iungern gan!

Tunc apprehendant Ihesum, et Petrus cum gladio
abscindat aurem [MALCHO], qui clamet lamentabiliter:

      Owe schanden vn̄ schaden,   720
880   bit den bin ich wol beladen!
      ich han hie verlorn min ore:
      dar vme heizet man mich ein dore!
      der groze spot dut mir vil we,
      doch mûwet mich der schade me!   725

        IHESUS ad Petrum dicat:

885   Peter, dû din swert wider in,
      wan dû salt des sicher sin:
      wer rache wil erwerben
      bit swerten, der wil verderben!

        IHESUS ad Iudæos:

      Furent mir her den wunden man,   730
890   sin ore seczen ich ime wider an!
        Et ducant eum ad Ihesum.

        Qui Ihesu [dicat:]

      Meister, ich biden dich,
      daz du wolles heilen mich!

        IHESUS respondet dicens:

      Din ore seczen ich dir wider an,   735
      als ich wol meisterliche kan.

        IUDAEUS dicat socio suo:

895   Geselle, lieber vront, nim war,
      wie ez vmme min or var!

878b abscindat aurem [Malcho] *M*, absci A. *Hs*
884a dicit *M*, d. *Hs*   890b qui Ihesu dicat *M*, qui ihc *Hs*

zuch hin, merke, ob ez vaste ste,
wan ez dut mir altzu we!

Socius trahat aurem dicens:
Din ore stet dir vast sicherlich,   740
900   geselle, also dunket mich!

Iterum IUDAEUS ad Ihesum:
Ihesus ist ein vil guder man:
er kan wol seczen oren an!
als lebe ich (des bin ich gemeit),
ich gedůn ime nummer kein leit!   745

Tunc discipuli fugiunt, et IHESUS cantet: 'Tam-
quam ad latronem':
905   [Tamquam ad latronem existis
cum gladiis et fustibus,
comprehendere me.
quotidie apud vos sedebam
docens in templo
910   et non me tenuistis.
        et dicat:]
Ir komment zů mir gewapent sere,
rehte als ich ein morder were,
doch brediget ich vch vffenbere
in dem tempel mange lere.

Respondet RUFUS Iudæus:
915   Du můst vor vnsern meister gan,   750
wie vil du gudes habes gedan!
    Et ducant eum ad Annam.

Iterum [ANGELI :] 'Sile':
[Silete! silete! silete!]

---

903 lebe *Hs,* leben *M*   905—910a *fehlen HsM*
911 sere *Hs,* ser *M*   912 wer *HsM*   916a ducāt *Hs,*
ducat *M*   916b angeli *fehlt HsM*   917 *fehlt HsM*

AUGUSTINUS:

Wir han hie vor begangen,
wie Ihesus worde gevangen:

920 nů merkent wie groz herzeleit
Maria, die reine maget, leit,   755
do sie irn lieben sůn
die Juden sach vbel dun.
do nach get Sancte Peters not,

925 wie er verswure bit eiden got.
lant vch gen zů herzen   760
vnsers herren smerzen,
den er bit willen geliden hat
vor vnser aller missedat!

930 wuzent auch die warheit sunder wan,   Bl. 208
die [die] evangelisten haben gelan: 765
der wollen wir ein deil began.
wer vns verirret die mere,
der můze haben swere!

CAPELLANUS dicat:

935 Amen!

Petrus Ihesum a longe [sequitur].

IOHANNES ad Mariam dicat:

Maria, mutter reine,
ich kom nů alleine   770
vñ sagen dir vbel mere,
die vns sint alzu swere:

940 die Juden hant den meister min,
Ihesum, den lieben sun din,
gebunden vñ gevangen.   775
ich inweiz war sie sint gegangen,
wan ich vil kume dannen indran,

945 do in die vende griffen an.

---

930 auch vor die *M*, auch auch ver *Hs*   931 die ewan-
gelisten *HsM*   935a sequitur *fehlt HsM*   937 ich
übergeschrieben Hs

Tunc MARIA plangens:

Owe der iemerlichen mere!
nů inweiz ich, war keren, 780
do ich gesehe minen lieben sůn!
owe waz wollent sie ime důn?
950 nů gedet er doch nie bosheit:
er was in allen ie bereit,
wie er ire sichen mehte gesůnt. 785
ir vrauwen, get bit mir zů stunt,
daz ich sehe wie ez ime erge,
955 wan mir geschach nie so leide me!
(et sequantur).

ANNAS quærat a Christo:

Ihesus, dů wunderere,
sage vns von diner lere! 790

Respondet IHESUS:

Mine lere ist offenbar gewesen:
vrage di do sint gewesen!
960 die dunt dir wol die rede kunt,
daz ich sie lerte alle stunt!

Tunc RUFUS dat ei alapam dicens:

Daz dů nummer werdes vro! 795
wie antwortes dů eime vorsten so?

ANNAS dicat ad Iudæos:

Weiz vwer keiner [ein] missedat,
965 die dirre man begangen hat?
die sal er vns hie sagen,
daz wir sie von ime clagen! 800

---

952 ire *übergeschrieben Hs* 955a sequantur *M,* se-
quatur *Hs* 956 wunderere *M,* wundere *Hs* 963 ant-
wortes *M,* entwortes *Hs* 964 keiner missedat *HsM*

Respondet Rufus:

Ich wil bezůgen hie vor war,
daz er geredet hat vffenbar:
    (*et cantet:* 'Solvite templum hoc'):
970 [Solvite templum hoc,
et in tribus diebus excitabo illud.]
    et dicat:
Ich wil bezů[gen] hie vor war,
daz er geredet hat vffenbar,
daz man den tempel breche nider,   805
975 so wolt er in machen wider
in drin dagen ganz als e.
noch danne sprach er rede me:
er sprach, er were godes sůn!
nů wartent, waz wollent ir her zů důn?   810

Tunc Annas ad Ihesum:

980 Ich fragen dich vf dinen eyt!
sage mir die rehte warheit:
bist du des waren godes kint,
dem himel vñ erde vnderdan sint?

Respondet Ihesus:

Jo, als dů nů hast veriehen!   815
985 dar vmme sollent ir gesehen
des menschen kint bit grozer gewalt
rehten vber iung vñ alt!

Tunc Annas scindens vestimenta sua dicat:

Waz důt vns me gezuge not?
wan dirre mensche schiltet got,   820
990 dar vmme er liden sal den dot,
als vns Moyses e gebot!
    (*tunc Iudæi conspuant in faciem eius*).

969a cantet *Hs,* cantat *M*   hoc *Hs,* etc. *M*   970. 971
fehlen HsM   972 bezůgen *M,* bezů *Hs*   987a vest *mit*
hoch gestelltem a s. *Hs,* vestes suas *M*   988 me] nů *HsM*

Dicat ANCILLA *Petro:*

Du math wol Ihesu iunger sin:
daz nemen ich vf die druwe min!

Respondet PETRUS: Bl. 209

Du dust mir vnreht,   825
995   wan ich wart noch nie sin kneth!

Iterum ANCILLA *dicat ad Petrum (ut prius):*

[Du math wol Ihesu iunger sin:
daz nemen ich vf die druwe min!]

*Respondet [*PETRUS*] (ut prius):*

[Du dust mir vnreht,
wan ich wart noch nie sin kneth!]

Tunc RUFUS *percutiens faciem Christi dicat:*

1000 Bist du ein wise prophete,
so rat wer dir [daz] dede!
din dorheit dich nů melde:
dine wisheit ist zů velde!   830

Tunc dicat SERVUS *pontificis Petro:*

Du bist ir einer sicherlich:
1005 bi diner sprach irkennen ich dich!
dů bist von Galiles art:
ich sach dich, do er gevangen wart!

Respondet PETRUS:

Her naher io, waz zihent ir mich?
ich gesach in nie sicherlich!   835

---

992 math *Hs,* mach *M*   994 Du s (!) dust *Hs*
995 kneth *Hs,* knecht *M*   996. 997 *fehlen HsM*
997 a Petrus *fehlt HsM*   998. 999 *fehlen HsM*   1001 dir
[daz] dede *M,* dir dedede (!) *Hs*

1010 wollent ir des nemen minen eyt,
dar zů bin ich al gereit!

Tunc cantet gallus, et Dominus respicet Petrum qui
egressus fleat amare.

Tunc CAYPHAS *dicat:*

Wollent ir bit mir dar nach streben,   840
wie wir ime nemen sin leben,
so vůrent in vil gedrade
1015 zů dem rehter Pylate
vñ dunt ime vwer clage kunt,
so reht er vch zů stunt!

Deinde ducant Ihesum ad Pylatum Anna et Chaypha
remanentibus, donec Iudas suspendatur.

Veniat ergo IUDAS *ad eos dicens:*
Peccavi tradens sanguinem iustum.
[et dicat:]
Ich han gesundet ane wan,   845
1020 daz ich Ihesum verraden han:
vnschuldig ist sin blůt!
(hic proiciat pecuniam)
nů sent, nement wider vwer gut,
wan ich wil hine gahen
und wil mich selber hahen!   850

Respondet ANNAS:
1025 Dine rede get vns nit an!
hast du vbel oder wol gedan,
daz wirst du hie nach wol gewar!
wilt dů an die wit, so var!
(et suspendatur).

Iterum AUGUSTINUS:
Bi Iuda si vch kunt gedan,   855
1030 wie ir sollent ruwen han:

kein sunder dar an verzwiueln sal,
got ist grozer gnaden vol.
hede er sich nit irhangen,
godes gnade hede in inphangen.   860
1035 merket bit zuhten nů dorch got:
ez get erst an die rehte not!

Tunc Rufus dicat ad Pylatum:

Pylate, wir bringen einen man,
der wol bit zaubernisse kan: 865
dar vmme wilt du gerehte han,
1040 so dů ime den dot an!

Tunc dicat Pylatus:

Waz hat er vbels gedan,
daz er sal zů buze stan?

Respondet Rufus dicens:

Sin vbel werg, sin vbel gedang
vns dar zu getwungen hant,   870
1045 daz wir in haben her brath:
wir hedens anders nit gedath!

Respondet Pylatus:

Ir sollent mich baz vernemen lan,
war an er habe missedan!

Respondet Rufus:

Er hat verboden vber al,   875
1050 daz nieman dem keyser sal
vorbaz sine sture geben:
dar vmme hat er verwirket sin leben!
er nimmet sich auch des riches an,
den keyser also smehen kan!   880

1045. 1046 brath: gedath *Hs*, brach: gedach *M*

106

*Tunc Pylatus apprehendens eum ducat ad præ-
torium, et duo ANGELI cantent responsorium* 'Ingressus
Pylatus' *usque* 'Tu es rex Iudæorum', *quod cantet
Pylatus:*

1055   [Ingressus Pilatus cum Ihesu
       in prætorium tunc ait illi.]

[PYLATUS:]

[Tu es rex Iudæorum?]

Iterum cantet IHESUS:

Tu dicis, quia rex sum [ego].

Et dicat PYLATUS:

Bist dů der Juden kunig vor war?
1060   des veriehe mir offenbar!

IHESUS:

Jo du salt wuzsen sicherlich,
daz ich han ein kunigrich:
stunde daz nach der werlete reth,   885
so hede ich mine kneth,
1065   daz du min hedes keine gewalt.
doch hat er sunden manigvalt,   Bl. 210
der mich hat gegeben dir,
Pylate: des geleube mir!   890

Tunc PYLATUS revertens ad Iudæos dicat:

Wůzent daz ich an disem man
1070   keine sache vinden kan,
vme die er solle liden den dot,
doch bringen ich in [in] soliche not

1054b canant *M*, c. *Hs*   1055—1057 *fehlen HsM*
1058 sum ego] sum *Hs*, sum etc. *M*   1063. 1064 reth:
kneth *Hs*, rech: knech *M*   1072 ich in soliche *HsM*

bit geiseln vn̄ bit ruden,
nit me sollent ir ime můden! 895

  Tunc PYLATUS *ad milites:*

1075 Nů dar, ir frechen helde,
sint ir des můdes belde,
so slahent in also sere,
daz er nit habe mere
vernomen solich pin: 900
1080 daz dunt dorch den willen min!

  RUFUS:

Wůzent vf mine judesheit,
ich gelonen vch wol der arbeit:
ir sollent zwenzig marg han, 905
wollent irn bit flize vnderstan!

  Respondet UNUS *militum:*

1085 Er ist ein verzaget man,
der silber nit verdinen kan!
wirt vns daz silber gegeben,
ich wene, ez koste sin leben! 910

 Tunc exuant eum MILITES *et ligant eum ad statuam*
et flagellant. postea vestient eum purpura et imponent
ei coronam spineam et flexis genibus clament:

 Ave, rex Iudæorum!
  (et percutient caput eius arundine et dicant:)
1090 Der Juden kunig gegruzet si,
dem wanet swache ere bi!

 Tunc Pylatus ducat [eum] foras et cantent duo
ANGELI: 'Exivit ergo Ihesus' *etc.:*

 [Exivit ergo Ihesus
portans coronam spineam

 1081 mine *M*, minē *Hs* 1084 vnderstan *Hs*, underslan
M 1090 kunig *Hs*, [kunig] *M* 1091a ducat [eum]
foras *M*, ducat foras *Hs* 1092—1095 *fehlen HsM*

et purpureum vestimentum.
1095   et dicit eis: ecce homo!]

Tunc dicat PILATUS:

Nů sehent vwern kunig an:
den vinden ich kein schult han.
so ist er auch gar sere geslagen: 915
dar vmme mohtent ir wol gedagen!

Respondent IUDAEI: 'Regem non habemus':

1100   [Non habemus regem,
nisi Cæsarem.]

Et dicat RUFUS:

Dem keiser biden wir ere,
keines kunges veriehen [wir] mere!

Iterum PYLATUS:

Waz důn wir danne disme man,
1105   der nie keine sunde hat gedan?   920

Respondent IUDAEI:
Crucifige, crucifige eum!

Et dicat RUFUS:

Du salt in cruzigen al zů hant,
wan er hat diz ganze lant
virirret von Galylea biz her:
1110   sicherlich daz arnet er!

Respondet PYLATUS:
Sit er von Galylea ist,
so vůrent in in dirre frist   925

1100. 1101 *fehlen HsM*   1103 verjehen [wir] mere *M*,
veriehen mere *Hs*   1104 disme *Hs*, disem *M*   1108 gaze
(a *hoch gestellt*) *Hs*, groze *M*   1112 frist *Hs*, vrist *M*

zů des landes rehter:
do bide irbiedent ir ime ere.
1115 der ist vch allen wol bekant:
Herodes ist er genant. 930

Respondet Rufus:

Als lieb als wir dir sin,
wirt irvůllet daz gebot din!
Tunc veniunt ad Herodem.

Dicat Herodes:

Willekomme, ir herren alle!
1120 sagent mir, waz vch gevalle!

Respondens Rufus:

Herre, do bringen wir dir einen man, 935
der alle die werlet verleiden kan:
der ist von dime lande.
Pylatum duhte schande,
1125 rehten vber in zů dirre vrist,
wan du hie geweltig bist! 940

Dicat Herodes:

Sit er mir die ere hat gedan,
so sal er mine hulde han,
wie vent ich ime biz her was,
1130 vil edel herre Panthias,
gent, sagent Pilato minen gruz 945
vñ nigent ime an sinen vůz
vme die houeliche dat,
die er gein mir begangen hat!

1114 ere *Hs,* er *M* 1118 irvůllet *Hs,* irvůllen *M*
1125 rehten *M,* rehter *Hs* 1126 wan *M,* von *Hs*
1128 minē *Hs* mine *M*

Panthias vadat ad Pylatum dicens:

1135   Pylate, rehter lobelich,
der kunig Herodes gruzet dich: 950
druwe, stede, sicherheit
sal dir von ime sin bereit.
er ist der eren so gemeit,
1140   die dů hude an in hast geleit:
daz sagen ich dir vf minen eit!   955

Respondet Pilatus:

Herre, ir sint ein guder bode:
ir sollent han zů bodenbrode
hundert mark vn̄ ein vil gut pert,
1145   noch danne sint ir bezers wert!

Tunc dicat Herodes:

Ich hoffen, ich werde nů gewert   960
des ich lange han begert,
daz ich Ihesum, Marien sůn,
ein zeichen sehe vor mir důn.
1150   nů dů ez dorch den willen min:
laz mir ein zeichen werden schin!   965

Ihesus taceat.

Tunc dicat Herodes:

Er mag wol sin ein doreht man,
sit ich gewalt vber in nů han,
1155   daz er mich nit wil wůzen lan,
ob er zeichen machen kan.
nů důnt ime ein wiz cleit an   970
vn̄ vurent in wider dan:
der doren ich also spotten kan!

1148 Marien *M*, maren *Hs*   1153 in *über gestrichenem*
ich *Hs*   1154 wil *M*, wollēt *Hs*   1158 doren *M*,
dore *Hs*

Tunc induatur [veste] alba et ducatur ad Pylatum.
Maria vero sequatur et Iohannes tristes.

    Iterum [ANGELI:] 'Sil.':
[Silete! silete! silete!]

    AUGUSTINUS:

1160 Ich wil vch vragen, ob irs begeret,
war vme der kunig nit wart geweret
des er so lange hat begert?   975
do was er lihte der gnaden vnwert.
ez mohte auch ander sache wesen,
1165 hede er Ihesum lan genesen,
so hede sine martel nit irlost
die menscheit von der hellen rost: 980
dar an lit aller der werlete drost!

    PYLATUS:

Ir clagent vil von disme man,
1170 an dem ich doch nit vinden kan,
dar vme er solle sterben:
so spulgent ir auch irwerben   985
nů zů vwern ostern alle iar
vmme einen gevangen (daz ist war):
1175 wollent ir, ich lazen vch disen man,
oder den schaher Barrabam?

    Tunc RUFUS nomine Iudæorum:

Dů solt lazen Barrabam   990
vñ salt vns henken disen man
gar hohe von der erden,
1180 daz wir sin ledig werden!

    1158a induatur alba *HsM*   1158b sequatur *Hs,*
sequitur *M*   1158c angeli *fehlt HsM*   1160 begerent
HsM   1162 des *M,* dz *Hs*   1163 gnaden *Hs,* gnade *M*
1164 an der *M,* āder *Hs*   1165 er hede *HsM*   1167 rost]
not *HsM*

Tunc PYLATUS *dicat:*

So lazent mich doch baz verstan,
waz vch Ihesus habe gedan?   995

Respondet CAYPHAS:

Waz sollen wir dir sagen me,
wan daz wir haben ein e,
1185   nach der er liden sal den dot,
wan er hat gesmehet got!
dar vmbe sal er sterben,   1000
mogen wir daz irwerben!

Hic Diabolus susurrat uxori Pylati dormienti, tunc
UXOR PYLATI *expergefacta a somno dicat ad puellam*
suam:

Ich wil dir sagen mere:
1190   mir ist gedreumet swere
von Ihesu, dem guden man.
mohte ich nů einen boden han,   1005
den wolte ich schiere senden,
daz er mir solte enden,
1195   daz min herre in keine not
viele dorch des mannes dot!

Respondet PUELLA:

Vrauwe, ist ez vwer wille,   1010
so rufen ich her vil stille
vwerm knethe Vrian:
1200   vil wol er daz gesagen kan.

Respondet DOMINA:

Stolze dirne, habe dang!
nů mache die rede nit lang,   1015

1188b sompno *HsM*

inbût ime bit dem bodelin,
daz er dorch den willen min
1205 Ihesum, den vil guden man,
laze schaffen, waz er kan.

PUELLA *ad Nuntium:*

Vrian, gudes kneppelin,   1020
lauf balde zû dem herren din,
sprich, mine vrauwe bide in sere,   Bl. 212
1210 daz er sich nit vaste kere
an Ihesum dorch godes ere,
wan sin dot ist ir gar swere!   1025

SERVUS *dicat:*

Juncfrauwe, die rede ist mir wol kunt:
ich wil laufen al zû stunt!

Tunc SERVUS *vertens se ad Pylatum dicat:*

1215 Herre, mine frauwe heizet vch sagen,
daz ir Ihesu wollent gedagen,
wan sie lidet groze not   1030
in irme slafe vme sinen dot!

Respondet RUFUS:

Herre, des alten wibes draûm
1220 salt dû nit nemen grozen gaûm!
dû salt ez vor die warheit han:
lestu Ihesum dir ingan,   1035
der keyser zornet es wider dich,
wan [er] redet an daz rich,
1225 swer sich des kunnigriches nemme an,
des keysers vnfrûntschaft mûz er han!

Respondet PYLATUS:

Wollent ir nit do von wenken,   104(

ich solle vwern kunig irhenken?

des hant ir vmmer schande,

1230   swo man ez saget in dem lande!

JUDAEI *cantent:* 'Regem non habemus':

[Non habemus regem,

nisi Cæsarem!]

Et dicat KAYPHAS:

Wir han anders kunges nit,

als vnser zunge hie vergith,   1045

1235   wan des keysers sunder wan:

do von salt dů disen henken lan,

wilt du des keysers hulde han!

Tunc dicat PYLATUS:

Sit ir bit vbeleme můde

stent nach dis mannes blůde,   1050

1240   wie ir ime gewinnent daz leben an,

vnschuldig wil ich sin dar an:

dar vmme waschen ich die hende min,

daz sal mir ein vrkunde sin

gein gode vñ aller menscheit,   1055

1245   als mir sin dot ist harte leit.

Respondent IUDAEI:

Die rede dunket vns gar gůt!

vber vns so můze kommen sin blůt

vñ vber vnser kindelin:

dar an salt du vnschuldig sin!   1060

Tunc PYLATUS *proferat sententiam dicens:*

1250   Ich sprechen ein ordeil als ich kan

vber Ihesum, den guden man.

1229 des *M*, dz *Hs*   1231. 1232 *fehlen HsM*

1250 sprechen *Hs*, spechen *M*

[min] vrteil sal nit wenken:
an daz cruze sal man in henken
vñ zwen schacher auch bi in!   1065
1255   ir rehter, vûrent sie dort hin!

    Tunc RUFUS *Iudæus dicat:*

Pylate, dů kanst rehten wol:
die judesheit dir ez danken sol!
      Tunc milites apprehendant eum.

    Iterum AUGUSTINUS:

Nů merke iegeliche vrauwe gude,
wie Marien were zu mûde,   1070
1260   do sie horte vñ sach
irs lieben kindes vngemach:
sie leit bit ime, er leit bit ir.
ir sollent des gleuben mir,
daz ime det wirs ir herzeleit   1075
1265   danne sin selbes arbeit!

    Tunc milites imponentes crucem Christo ducent eum
ad locum, ubi debet crucifigi, et duos latrones secum,
et dicat RUFUS:

Stig vf, man mûz dich henken!
des math dů nit intwenken.
dů hast vns leides vil gedan,
des wir dich hie ingelten lan.   1080
1270   dů brediete dise lere
vil dicke vf vnser vnere:
daz sagen ich dir zů swere.

1252 [min] urteil *M*, vrteil *Hs*   1257a apprehendentes
HsM   1264 wirst *HsM*   1265b vbi debet crucifigi
Hs, ubi crucifigitur *M*   1267 math *Hs*, mach *M*
1269 daz wir *HsM*

Tunc dicat U<small>NUS</small> M<small>ILES</small>:

Drutgeselle reine,
wir han disen rog gemeine: 1085
1275   den hede ich gerne alleine!
die rede ich so gemeine,
daz wir spilen al gemeine
'Rudel vf dem steine'.
wem er also gescheine,   1090
1280   wie uaste ein ander weyne,
des ahte er kleine!

Respondet A<small>LTER</small> M<small>ILES</small>:

Die rede dunket vns gůt:
wir han alle den selben můt.
swer in nů mag gewinnen,   Bl. 213   1095
1285   der drage in bit ime hinnen!
    Tunc ludant.

Dicat ille, qui lucratus fuerit:

Min glucke hat nit geslafen:
den wůrfel wil ich nit strafen!
den rog ich eine gewunnen han:
dar vmme ich hie in freuden stan!   1100

Tunc dicat C<small>AYPHAS</small>:

1290   Alle die werlet nů merken sol:
dirre det andern luden wol
bit siner helf manicfalt,
nů ist zurgangen sine gewalt!
wer er got, als er e sprach,   1105
1295   so lide er nit diz vngemach!
wolt er nů von dem cruze gan,
so wolten wir sinen glauben han.
des můz er vns abir irlan.

1277 daz mir daz spil beginne *HsM*   1280 weine *M*,
wyene *Hs*   1281 daz ahte *HsM*

Tunc dicat ANNAS:

	Dirre ist, den ich horte sprechen,	1110
1300	man solle den tempel brechen,	
	so wolt er in in drier dage frist	
	ganz machen, als er ist.	
	nů sehent, wie der meyster stat,	
	der also groze wisheit hat!	1115

Tunc dicat UNUS LATRO:

1305	Bist du godes sůn allein,	
	so hilf dir selbe vñ auch vns zwein!	

ALTER *dicat:*

	Owe, daz dů nit vohtes got	
	in dirre bitterlichen not!	
	armer man, waz spottes du sin?	1120
1310	wir zwene liden dise pin	
	billich vmme vnser missedat:	
	er ist der keine schulde hat!	

Deinde IDEM *cantet:* 'Memento mei, domine':

	[Domine, memento mei,	
	cum veneris in regnum tuum!]	
	et dicat:	
1315	Herre, irbarme dich vber mich,	
	so dů kummest in dines vater rich!	1125

Respondet IHESUS:

	Dů salt bi mir in warheit	
	noch hude vñ vmmer ane leit	

1300 sal *HsM*   1301 drier (*über gestrichenem* drien)
dagē *Hs*, drier dagen *M*   1302 machen *M*, mach *Hs*
1303 sehēt *Hs*, sehet *M*   1305 allein *M*, alleine *Hs*
1313. 1314 *fehlen HsM*   1317 vor warheit *HsM*

118

in dem paradyse sin,
1320 bi mir vn̄ bi dem vatter min!

Tunc dicat [PYLATUS] ad unum militem:

Bit dirre scrift dŭn ich irkant,   1130
wie sin name were genant
vn̄ auch sine wirdekeit.
nŭ salt dŭ dar zŭ sin bereit,
1325 daz dŭ sie nach dem willen min
steckes zŭ den heubten sin!   1135

Respondet MILES:

Pylate, herre, samir got,
ich irvullen gerne din gebot!

Quo facto dicat ANNAS ad Pylatum:

Herre, als werlich ich mŭz leben,
1330 die dauel ist gescriben vneben!
nit scribe daz er kuneg were,   1140
wan daz ist vns gar swere:
scribe daz er iehe offenbar,
er were vnser kunig, daz was nit war!

Respondet PYLATUS:

1335 Waz ich nŭ gescriben han
bi warheit, daz mŭz also stan!   1145

Tunc dicat ANNAS:

Sit daz nŭ nit mac anders sin,
so si doch daz der wille din,
daz wir ime vn̄ sinen genozen
1340 ir gebeine zustozen,

1320a dicat [Pylatus] *M*, di. *Hs*   1325 sie *Hs*, si *M*
1329 als] alle *HsM*   mŭz ich *HsM*   1336a tunc
Hs, fehlt M

daz sie it wider vnser e 1150
an dem galgen hangen me,
wan vns die osterliche zit
also nahe ane lit!

Tunc Iнesus respiciens Mariam dicat ad eam:

.345 Maria, liebe mutter min,
Johannes sal din sůn sin, 1155
vn̄ dů, Johannes guder,
habe sie vor dine muder.

Tunc cantet Iнesus: 'Hely, hely' *etc.:*   Bl. 214

[Ely, ely, lamma sabacthani!]

     Et tunc dicat Rufus Iudæus:

1350 Warta, wie er wůfet
vn̄ Helyam rufet! 1160
nů nement allesamt war,
ob er zů ime komme dar!

     Tunc Iнesus:

Sitio!
    et dicat:

1355 Ach hude vn̄ vmer mere!
wie durstet mich so sere!

     Tunc Rufus porrigens ei spongiam dicat:

Nů dring, daz ist vnser drang: 1165
du sagest mir ez numer dang!
1360 ez ist mirre vn̄ galle:
smacke wie ez dir gevalle!

Quod cum IHESUS gustasset, dicat:

Consummatum est!
 et cantet: 'In manus tuas' *etc.:*
[Pater, in manus tuas
commendo spiritum meum!]
 et dicat:
Vatter, ez si dir irkant:
1365 mine sele geben ich in din hant!
(Tunc inclinato capito emittat spiritum).

 Tunc CENTURIO: 'Vere':

Vere filius dei erat iste!
 [*et dicat:*]
Ich han groz wunder hude gesehen: 117❬
bi dem wunder kan ich spehen,
daz er vor war was godes sůn:
1370 do die sunne ist vndergangen,
so kummet der doden mange,
die lange sint gelegen dot   117❬
vñ Ihesum hant dar vor, er were got!

 Sequatur lamentatio MARIAE·

[Flete, fideles animæ,
1375 flete, sorores optimæ,
  ut sint multiplices
  doloris indices
planctus et lacrimæ.

Fleant materna viscera
1380 Mariæ matris vulnera,
  materne doleo,
  quæ dici soleo
felix puerpera.

1362. 1363 *fehlen HsM*   1364 irkant *nach gestrichenem*
gedanket *Hs*   1365b vere *Hs,* venit *M*   1366 *fehlt*
HsM   1366a *fehlt HsM*   1371 kummet *HsM*   doden
manger *Hs,* dode mange *M*   1374—1402 *fehlen HsM*

Triste spectaculum
1385   crucis et lanceæ
clausum signaculum
   matris virgineæ
   profunde vulnerat;
   hoc est, quod dixerat,
1390   quod prophetaverat,
felix prænuntius,
hic ille gladius,
   qui me transverberat.
Dum caput cernuum,
1395   dum spinas capitis,
dum plagas manum
cruentis digitis
     supplex suspicio,
     sub hoc supplicio
1400   tota deficio,
dum vulnus lateris
   est in profluvio.]

Deinde LONGINUS *dicat ad puerum:*

Vil lieber knabe, suche mir daz sper:
an Ihesu siten ist min ger,
1405 so wil ich in dorchstechen,
daz ime sin herze mŭz brechen: 1180
sin zauber wil ich so rechen!

*Cum fixerit eum, et sanguis lancea descendens tangat
oculos, et videbit et dicat:*

Wie ist mir nŭ geschehen?
ich bin hie worden gesehen
1410 von dis guden mannes blŭt!
die gesith dŭnket mich so gŭt,   1185

1404 Ihesus *M*, ihc *Hs*   1407a finxerit *HsM*   sanguis
lancea descendens *M*, sanguinē lanceā descēdētē *Hs*
1410 dis *Hs*, des *M*   1411 gesith *Hs*, gesich *M*

daz ich in siner minne
(got raube mich dan der sinne)
wil leben vñ sterben:
1415   do bide hoffen ich irwerben
nach mime dode [daz] himelrich,   1190
wan er ist got, des gleuben ich!

Tunc Ioseph ab Arimathia dicat ad Pylatum:
Pylate, herre, ich biden dich,
dorch dine zûth gewere mich
1420   daz ich Ihesum begrabe.
ob ich die laube von dir habe,   1195
so dunken ich mich ein selig man:
ich gedienens gein dir, so ich beste kan!

Respondet Pylatus:
Sage mir die warheit: ist er dot?

Respondet Ioseph:
1425   Jo, leider, so helfe mir got!

Respondet Pylatus:
Wilt du in danne begraben,
des salt dů orlab von mir haben!   1200

Respondet Ioseph:
Gnade, lieber herre min,
des wil ich vmer din diner sin!

*Et cum deponit eum, Maria apprehendens manus
eius dicat:*
1430   Owe, vil lieber min sůn,
waz sal ich arme vorbaz důn?   1205

1416 [daz] himelrich *M*, himelrich *Hs*   1417a Ari-
mathia *M*, Aromathia *Hs*   1419 zûth *Hs*, zuch *M*
1425 leider *übergeschrieben, vorher durch untergesetzte Punkte
getilgtes* herre *Hs*   1430 *nach* lieber *durch untergesetzte
Punkte getilgtes* sin *Hs*

ich hade drostes an dir vil,
dů were miner augenweide spil:
des bin ich nů beraubet gar,
1435 wan ich bin aller vreuden bar,
daz ich leider din mangeln sol!   1210
owe, wie were mir so wol,
ob ich daz mohte erwerben,
daz ich bit dir solte sterben!

Tunc dicat MARIA MAGDALENA: Bl. 215

1440 Owe der iemerlichen not!
mir ist min lieber meister dot,   1215
der mich von sunden banden
vñ von der werlete schanden
bit gnaden hat inbunden.
1445 owe den sehen ich nů zů stunden
dot hie vor mir hangen!   1220
wie ist ez ime irgangen!
owe mir hude vñ vmer me,
sin dot důt mime herzen we!

*Tunc IOHANNES sepeliat Ihesum cantans respon-
sorium:*

1450 Ecce quomodo moritur iustus!
(*Tunc recedant omnes*).

CAYPHAS ad Pylatum dicat:

Herre Pylate, gib vns rat   1225
vme eine not, die vns ane gat:
wan wir horten disen man
sprechen, daz er solte irstan.

1435 bin ane allen *HsM*   1436 ich, c *übergeschrieben*
Hs   1444 inbunden *Hs*, intbunden *M*   1448 owe] daz
we *HsM*   1449a sepeliat *über Unleserlichem übergeschrieben*
Hs   cantans *M*, cantēs *Hs*   1450 moritur *M*, moretur *Hs*

1455	nů vohten wir sin vnderdan,
	daz sie bi nath do hine gan
	vñ in von dannen dragen,
	vñ danne die lude sagen,
	er si von dem dode irstanden
1460	vns zů grozen schanden.
	dar vme salt du dorch vnser gůt
	dem grabe schaffen starke hůt.

1230

1235

Respondet PYLATUS:

Ich wil vch raden als ich sol:
hudent vñ habent wol,
1465 wie ir behaltent disen doden man.
der sorge wil ich mich irlan!

Tunc CAYPHAS ad milites:

Ir stolzen ritter wole gemeit,
wollent ir nů sin bereit,
daz ir sin plegent bit hude,
1470 des ich vch bit gude
gelone als ich solte.
were ieman der daz wolte,
silber, pennige vñ golt,
des geben wir ime richen solt!

1240

1245

Tunc dicat UNUS MILES:

1475 Wir haben alle solichen můt,
daz wir ez gerne důn dorch gůt:
wilt dů vns geben hundert půnt,
so gen wir dir zů dirre stunt
vñ huden sin bit sicherheit,
1480 daz in nieman dannen dreit!

1250

1456 nath *Hs*, nach *M*   1465 behaltēt *Hs*, behaldent
M   1466a cayphas, h *übergeschrieben Hs*   1476 wir
gerne *HsM*   1479 huden *Hs*, hudent *M*

Respondet CAYPHAS:

Nů hudent sin bit sicherheit!
die penninge sollint ir han bereit.   1255
(*Tunc milites vadant ad sepulcrum cantantes ali-
quod.*)

Tunc duo ANGELI *gladiis percutient eos can-
tantes:*

Terra tremuit et quievit,
[dum resurgeret in iudicium deus.]

Quibus territis cantans DOMINUS *surgat:* 'Re-
surrexi' *etc.:*

1485   [Resurrexi et adhuc sum tecum.]
(*Deinde vadat ad infernum crucem portans [et]
cantans:* 'Tollite portas':

[Tollite portas, principes, vestras,
et elevamini portæ æternales,
et introibit rex gloriæ.]
        et dicat:
Ir hellen vůrsten, důnt of die důr
1490   vñ gebent mir mine knethe hervor!

Respondet LUCIFER: Bl. 216

Quis est iste rex gloriæ?
        [*et dicat:*]
Wer ist der, der do bozet
vñ an die dore stozet?
ich han gewesen vunf dusent iar   1260
1495   in dirre helle vůrste vor war,
daz ich gehorte keinen stoz
an dise dore so rehte groz!

1482 a b *aliquod* Hs, *aliquid* M   1484 *fehlt* HsM
1485 *fehlt* HsM   1486—1488 *fehlen* HsM   1491 a *fehlt*
HsM   1494 vunf] vf HsM

Respondet Angelus, *qui præcedit Ihesum:*
Dominus virtutum
ipse est rex gloriæ.
[et dicat:]
1500 Dŭnt vf, der herre ist kommen,
von dem vch wirt benommen
vwer manigveltige gewalt,
der ist gewesen alzŭ alt!

Tunc dicat Lucifer:
Vwe der vbelen mere,
1505 die sint vns alzŭ swere!
wir haden vor groze gewalt
beide vber iung vn̄ vber alt:
die wirt vns hude hie gevalt!

Tunc Christus pede trudat ianuam, et aperiatur, et
Adam *cum cæteris cantent:* 'Advenisti':
[Advenisti, desiderabilis,
1510 quem exspectabamus in tenebris,
ut educeres hac nocte
vinculatos de claustris.
te nostra vocabant suspiria,
te larga requirebant lamenta.
1515 tu factus es spes desperatis,
magna consolatio in tormentis.]
et dicat:
Herre, dŭ bist kommen her:
wir din gebeidet han bit ger
in dirre vinstere mange stunt.
1520 nŭ ist vns dine helpe worden kunt,
des wir binnen wol vŭnf dusent iar[en]
vil gemerliche waren.

126a

1270

1275

1499a *fehlt HsM*   1509—1516 *fehlen HsM*   1518
gebeidet *M*, gebeidēt *Hs*   1520 helpe *Hs*, helfe *M*   1521
binne *übergeschrieben Hs*   iar *HsM*   1522 gemerlichen
HsM

Tunc Ihesus apprehendens Adam manu cantet:
'Venite, benedicti':

[Venite, benedicti patris mei,
possidete paratum vobis regnum
1525　a constitutione mundi!
　　　et dicat:]
Wol vf, ir sollent ane swere
vorbaz leben vmer mere　　　　　　　　　　　　　　1280
bi mir vn̄ bi dem vatter min:
do sollent ir bi vreuden sin!
　　　(Tunc deducat eos ad paradysum.)

　　　Quo cum pervenerint, cantent:

1530　Sanctus! sanctus! sanctus!

Hic Maria vadat ad monumentum, et dicat Maria
Magdalena ad Mariam Iacobi et Salome:

Ich han eine salbe gut,
bit der han ich ganzen můt,
daz ich dem lieben meister min　　　　　　　　　1285
salben solle die wunden sin
1535　nach der Juden gewanheit:
dar zů han ich die salbe bereit.
ob ir it wollent bit mir gan,
daz sollent ir mich wůszen lan!　　　　　　　　　1290

　　　Maria Iacobi:

Maria, liebe vrondin min,
1540　ist ez bit dem willen din,
so wil ich gerne bit dir gan,
wan eine gude salbe ich han,
die wil ich vf in giezen:　　　　　　　　　　　1295
ich hoffen es gein gode geniezen!

1522a apprehendens *M*, apprehendes *Hs*　　canat *M*,
ca. *Hs*　　1523—1525a *fehlen HsM*　　1539 vrōden *HsM*

MARIA SALOME:

1545   Ich han auch den selben můt,
    daz ich dorch miner sele gůt,
    wolle zů dem guden man,
    wan eine salbe ich ime gemachet han,   1300
    die wil ich dem vil guden man
1550   bit minen henden strichen an.

Tunc procedant cantantes: 'Media vita':   Bl. 217

    [Media vita in morte sumus.
    quem quærimus adiutorem
    nisi te, domine,
    qui pro peccatis nostris
1555   iuste irasceris?
    sancte deus, sancte fortis,
    sancte et misericors salvator,
    amaræ morti ne tradas nos!]

Tunc dicat MARIA MAGDALENA, cum appropinquant monumento:

    Nů drahtent vñ gebent rat
1560   (wan ez vns kummerliche stat),
    wie wir von dem grabe   1305
    den stein gelegen abe,
    wan wir sin drů cranke wip,
    die nit hant starken lip:
1565   do von sin wir methe bloz,
    so ist der stein swer vñ groz.   1310

Tunc dicat MARIA [IACOBI]:

    Mich dunket, der stein si abe
    geleit von dem grabe!

1550a procedāt cā *Hs*, procedat cantans *M*   1551 bis
1558 *fehlen HsM*   1558a appropinquant *M*, appropin-
quat *Hs*   1565 methe *Hs*, meche *M*   1566a Iacobi
fehlt HsM

Tunc dicat MARIA SALOME:

Indruwen, mich dunket auch also!
1570   were ez war, des were ich fro!

Tunc cantet ANGELUS: 'O tremulæ mulieres':
[Quem quæritis, o tremulæ mulieres,
in hoc tumulo plorantes?
      et dicat:]
Ir drurigen vrauwen, sagent mir,   1315
in disme grabe, wen suchent ir?

Tunc respondentes: 'Ihesum Nazarenum crucifixum':
1575   [Ihesum Nazarenum crucifixum quærimus.]

      Et dicat MARIA MAGDALENA:

Wir suchen hie in dirre vrist
Ihesum, der do gecruziget ist!

Respondet ANGELUS: 'Non est hic, quem quæritis':

[Non est hic, quem quæritis, sed cito euntes
1580   nuntiate discipulis eius et Petro,
quia surrexit Ihesus.
      et] *dicat:*
Den ir suchen, der ist hie nith,
als vwer auge selbe sith.   1320
gent vñ sagent den iungern sin,
1585   daz sie [ensament] gen hin
zů Galylea al zů stunt:
do wirt er in allen kunt!

Tunc aliis euntibus remaneat Maria Magdalena
plorans.

1571—1572a *fehlen HsM*   1575 *fehlt HsM*   1578 bis
1580 *fehlen HsM*   1580a et *fehlt HsM*   1581 nit *HsM*
1582 augen selbe sehint *HsM*   1584 sie gen *HsM*

Tunc IHESUS in specie hortulani dicat ad eam:
'Mulier, quid ploras'?

[Mulier, quid ploras?
quem quæris?]
 et dicat:

Sage mir, vrauwe, mere,   1325

1590   waz weines dû so sere?
wen suches dû zû dirre stunt?
daz salt du mir machen kûnt!

 Respondet MARIA: 'Quia tulerunt dominum
meum':

[Quia tulerunt dominum meum
et nescio, ubi posuerunt illum.]
et cantet: 'Domine, si tu sustulisti eum, dicito mihi':

1595   [Domine, si tu sustulisti eum,
dicito mihi, ubi posuisti eum,
et ego eum tollam.]
 et dicat:

Ich inweiz war min herre ist kommen
vñ wo er lit in disen stunden: 1330

1600   daz salt du mir nû sagen,
so wil ich in dannen dragen.

 Tunc IHESUS cantet:
Maria!

 *Quo audito [MARIA MAGDALENA] procidens ad pedes
cius cantet:* 'Ihesu, nostra redemptio':

[Ihesu, nostra redemptio,
amor et desiderium,

1586c ortulani *HsM*   1586d ploras *Hs*, plores *M*
1587. 1588. 1593. 1594 *fehlen HsM*   1594a et dicat *M*,
et di *Hs*   1595—1597 *fehlen HsM*   1601a dicat *HsM*
1602a audito procidens *HsM*   1602b canat *M*, cã *Hs*
1603—1606 *fehlen HsM*

605 deus creator omnium,
homo in fine temporum.]
  Et dicat IHESUS:
Nit inrure mich: ez sal nit sin!
gang balde zů den iungern min
vñ sage in allen vffenbar, 1335
610 daz ich irstanden si vor war.
Tunc Maria Iacobi et Salome venient ad discipulos.

  Dicat MARIA IACOBI:

Wir sagen vch gemeine
vñ dir, Peter, eine,
daz vnser herre Ihesus Christ
von dem dode irstanden ist! 1340

Tunc veniente Maria Magdalena cantet PETRUS:

615 Dic nobis, Maria,
quid vidisti in via?

  Respondet MARIA: 'Sepulcrum Christi':

[Sepulcrum Christi viventis
et gloriam vidi resurgentis.]

Tunc APOSTOLI: 'Scimus Christum surrexisse':

[Scimus Christum surrexisse
620 a mortuis vere,
tu nobis, victor rex, miserere!]

  (IHESUS vadat ad paradysum.)

SIC FINIATUR LUDUS PRAENOTATUS

1614a veniens *HsM*   1617. 1618 *fehlen HsM*
1619—1621 *fehlen HsM*